MDCCCLVIII PIVS NONVS PONT MAX ANNO DOM

世界著名博物馆

梵蒂冈博物馆

［意］安东尼奥·保卢奇 / 主编

彭倩 / 译

北 京 出 版 集 团

北京美术摄影出版社

图书在版编目（CIP）数据

梵蒂冈博物馆 /（意）安东尼奥 · 保卢奇主编；彭倩译 . -- 北京：北京美术摄影出版社，2022.4
（世界著名博物馆）
ISBN 978-7-5592-0452-3

Ⅰ. ①梵… Ⅱ. ①安… ②彭… Ⅲ. ①博物馆—介绍—梵蒂冈 Ⅳ. ① G269.547

中国版本图书馆 CIP 数据核字（2021）第 244198 号

北京市版权局著作权合同登记号：01-2021-5467

责任编辑：王心源
版权引进：李胜兵
责任印制：彭军芳

世界著名博物馆
梵蒂冈博物馆
FANDIGANG BOWUGUAN
[意] 安东尼奥 · 保卢奇 / 主编
彭倩 / 译

出　版　北 京 出 版 集 团
　　　　北京美术摄影出版社
地　址　北京北三环中路 6 号
邮　编　100120
网　址　www.bph.com.cn
总发行　北京出版集团
发　行　京版北美（北京）文化艺术传媒有限公司
经　销　新华书店
印　刷　北京雅昌艺术印刷有限公司
版印次　2022 年 4 月第 1 版第 1 次印刷
开　本　787 毫米 × 1092 毫米　1/8
印　张　47.5
字　数　320 千字
书　号　ISBN 978-7-5592-0452-3
定　价　568.00 元
如有印装质量问题，由本社负责调换
质量监督电话　010-58572393

目　录

第2页
卡洛・马拉塔
克雷蒙特九世肖像画（局部）
布面油画
145cm × 116cm
收藏于美术馆

MARCHVS BAX

导 论

梵蒂冈博物馆馆长 芭芭拉·加塔

梵蒂冈博物馆中珍藏着无数的油画、版画及壁画，分别来自不同的委托人，出自拥有迥异训练背景的画家，它们都因酷爱收藏的教皇们而得以共存于此。读者将通过本书纵览意大利艺术史，欣赏乔托、弗朗西斯科·波德斯蒂等伟大艺术家们所绘制的跨时代巨作。这本由前馆长安东尼奥·保卢奇写就的佳作充满睿智哲思，将主要分析教皇博物馆中守护的这些伟大作品。作者首先聚焦美术馆，这是教皇庇护十一世在位期间落成的新文艺复兴风格建筑物，由卢卡·贝尔特拉米建造，由巴托洛米奥·诺嘉拉及比亚乔·比亚杰蒂负责协调建成。本书将首先探析此美术馆中典藏的珍宝，包括乔托、贝亚托·安杰利科、贝诺佐·格佐利、梅洛佐·达·福尔利、卡洛·克里维利、彼得·佩鲁吉诺等画家的巨作，还包括伟大的艺术家拉斐尔创作的《奥狄祭坛画》《弗利诺圣母》《圣容显现》等旷世杰作，当然也不乏达·芬奇、提香、贝里尼、委罗内塞、巴罗奇、圭尔奇诺、圭多·雷尼、多美尼基诺的杰作，卡拉瓦乔那幅震撼人心的《耶稣下十字架》以及其他 17 世纪与 18 世纪艺术巨匠们的大作。作者随后剖析多米尼克修士贝亚托·安杰利科在尼可利纳礼拜堂所绘制的杰作，该礼拜堂创建于人文主义教皇尼古拉五世（帕伦图切利）伟大统治开始的初期，也随即成为“神圣”之年的1450年的先声。但安东尼奥·保卢奇也将阐析贝纳尔迪诺·迪·贝托（亦称平托瑞丘）为教皇亚历桑德罗六世波吉亚寓所所创作的杰作，那些弧面窗及穹顶上洋洋大观的徽章，基督教及神话信息、象征、隐喻委实令人击节称叹。平托瑞丘极其青睐象征、符号、神话家谱、异域神话及神秘主义信仰，创作的“属于罗马皇帝的辉煌之光及彩色天堂”正对教皇胃口。紧接着，作者将阐述拉斐尔展厅中那些宏伟的画作，新近开展的修复工作让它们更加夺目。而地图画廊是凝聚感官与智慧、荟萃艺术与文化积淀的奇妙之地，其推动者为伟大的教皇圣格里高利十三世（本坎帕尼）。他是反宗教改革中的绝对主角与功臣，也是新年历的主要缔造者，其构思初衷正是希望“可在不出宫的情况下漫步于意大利街头”。作者娓娓道来，深入浅出，以众多细节展示出意大利艺术中那最为优美的诗意篇章。本书最后将着墨于索宾斯基展厅 、圣母纯洁受胎厅等。这些展厅不仅阐释了教义正理，也以绘画的方式保留了伟大教皇庇护九世教廷的万千气象。诚挚感谢安东尼奥·保卢奇，他取精用宏，澄沙汰砾，将梵蒂冈博物馆这如此错综复杂，玄妙神奇的宇宙浓缩于这本著作中。

第6页
马克·巴萨伊提
圣母、圣婴与施洗者约翰
布面油画
72.5cm × 55cm
收藏于美术馆

引　言

编者致

梵蒂冈博物馆是意大利文化与文明无可估量的遗产，是弥足珍贵的艺术宝库，保存着跨时代与跨空间的艺术及历史珍宝。博物馆隶属教皇国，收藏并守护着无可尽数的艺术杰作。它不仅赋予罗马这座城市最荣耀的辉煌，宣扬了那个时代对基督教的信仰，也见证了人类历史的变迁，反映出人类在尘世中的关系，突出了直面内心的勇气与对神圣感及美感的追求。

本书将呈现梵蒂冈博物馆中的绘画作品，这些艺术史上的不朽名作在当今社会也极具现实意义，因为其艺术表达充分展示了人类具有的潜能和最强烈的渴望——接近上帝。

殉难、仁慈、显现、纯净、罪恶、忏悔、真知……梵蒂冈博物馆中的画作庞杂丰富，深厚澄澈，描绘了人类最隐秘的伤痛，得以让我们一一翻阅艺术史的画卷，阅读那最值得纪念和称颂的篇章，也走进那最不为人知的故事。本书旨在将这种情感传递给每个读者。阅读该史料丰富、引证翔实的著作，读者不仅可增广见闻，也可激发出实地参观的兴趣。读者应亲自前往罗马，感受这伟大艺术博物馆中的珍宝，与世界各地艺术爱好者分享这份欣喜。

第8页
圭多·雷尼
圣母、圣婴、圣托马索与圣哲罗姆（奥利维里祭坛画）（局部）
布面油画
340cm × 210cm
收藏于美术馆

梅洛佐·达·福尔利
西斯托四世任命巴托洛米奥为梵蒂冈图书馆圣骑士馆长（局部）
剥离壁画
收藏于美术馆

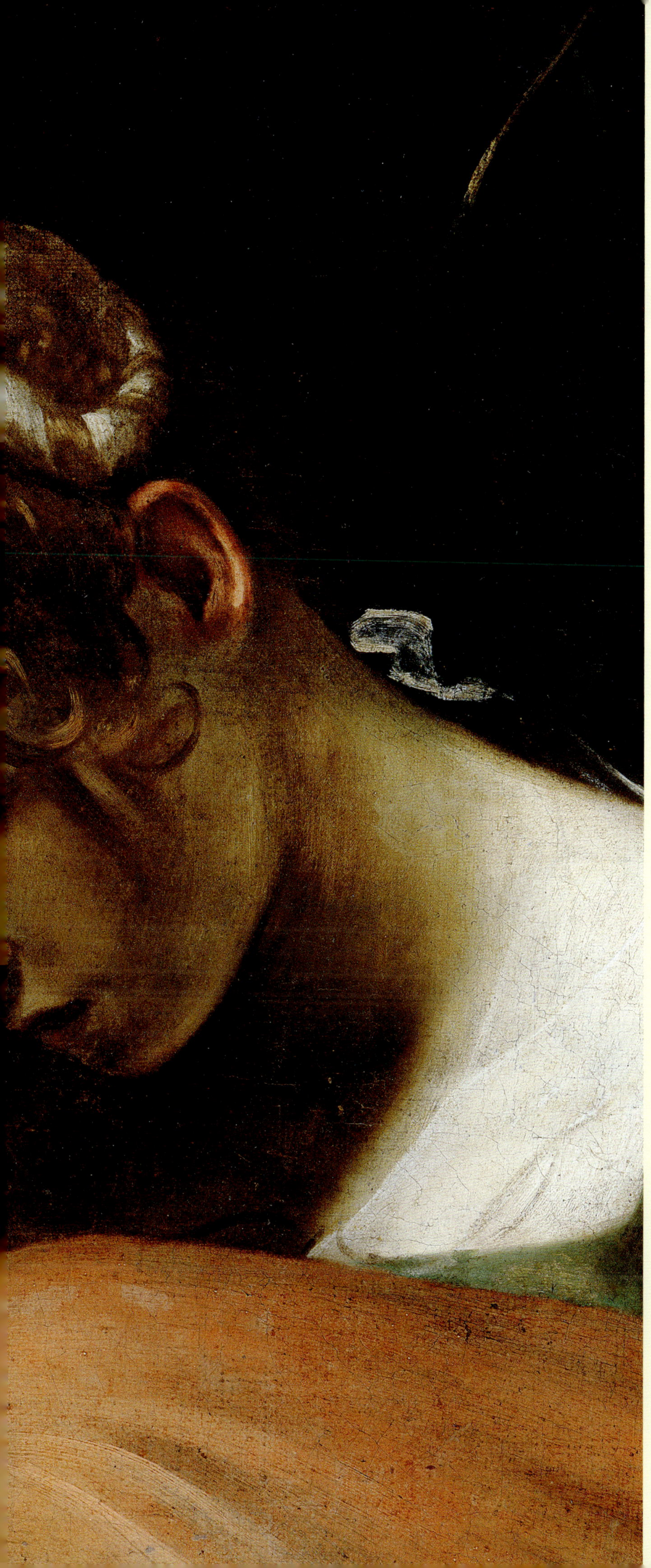

美术馆

在整个梵蒂冈博物馆中，美术馆似乎略显格格不入。这是一个非同寻常的区域，固然它隶属博物馆游览的一部分，如今的参观格局也将其囊括在内，但每个参观者都可注意到这种“不吻合感”。建筑狭长而低矮，为新文艺复兴风格。馆内拥有大量古典雕塑壁龛、马赛克作品、花卉彩陶等。相对于诸多伟大教皇在18世纪晚期与19世纪早期为梵蒂冈博物馆定下的格局来说，这种晚期自由主义时期的风格仿佛是完全“另类”的存在。

美术馆由卢卡・贝尔特拉米设计，在教皇庇护十一世的监督下于1932年10月27日正式对外开放。据历史档案记载，教皇在工程最后阶段，每周日下午均会前往仍在布置中的美术馆大厅参观。这位教宗博学睿智，曾担任安波罗修图书馆及梵蒂冈使徒图书馆馆长。不难想象，他必然会在拉斐尔、卡拉瓦乔、普桑、圭多・雷尼的杰作以及圭尔奇诺的《忏悔的玛达莱娜》、多美尼基诺的《圣哲罗姆与圣餐》前驻足停留，赞叹不已。

大气恢宏的博物馆自《拉奥孔》（1506年）及《贝尔维德雷的阿波罗》（1508年）收藏进入后迅速扩张。自馆际协议签署3年后，馆藏区域数量倍增，高新科学技术也正在逐渐丰富馆藏。

美术馆以一条拱廊与四门中庭前厅相连，拱廊建筑师为卢卡・贝尔特拉米与朱塞佩・莫默。而朱塞佩・莫默同时还负责宏伟的梵蒂冈大道入口（于1933年1月7日对外开放），此便为著名的螺旋阶梯。螺旋阶梯是矛盾对立的和谐统一体，既体现出20世纪的功能主义与理性主义，又融汇了极具表现力的巴洛克风格，由此这座博广的梵蒂冈博物馆中又增添新的宏伟景观。这个蕴藏着丰富绘画杰作的区域围绕着两个中心分布：其一为八角形大厅，这是集结17世纪意大利与其他欧洲大师伟大作品的众神殿（如卡拉瓦乔、圭多・雷尼、普桑、瓦伦汀、圭尔奇诺、多美尼基诺、萨奇等），其二为收藏拉斐尔所绘《圣容显现》《弗利诺圣母》《奥狄祭坛画》等杰作的大厅及壁画厅。

梵蒂冈修复工作室负责人比亚乔・比亚杰蒂承担着主要布展工作，副手为艺术史学家阿曼达・波尔切拉，也是著名的“非官方”专家，曾负责美术馆事务。此次布展久经时间考验，既考虑到了气候监控等适应现代保存条件的因素，也规划了教学或作品展览等功能。考虑到此前博物馆馆藏在近200年中屡遭不幸，教皇希望可让这些藏品尽快展出，故于1932年10月开馆。美术馆最早位于“书店上方大室内凉廊”，即如今的壁画画廊（1797年），随后为波吉亚寓所（1819年）、敞廊第4层（1857年），最近一次布展为教皇庇护四世走廊大厅（即教皇庇护十世在位期间）（1909年）。此外，我们不应遗忘1798年至1816年在巴黎举办的那场耻辱性展览，展出的正是拿破仑征用的绘画陈列室杰作。

梵蒂冈美术馆的馆藏布置以时间顺序及教学目的为核心，显然是以乌菲齐美术馆为参考范式。艺术家绝大多数为意大利人，从13世纪至19世纪演进，根据作者与学院发展排布。主要的设计理念为：美术馆应成为艺术史的一本“手册”。美术馆中两个展览的核心更是让整个馆藏理念得以明晰彰显。一个是以拉斐尔为主角的第八大厅中那些举世闻名的祭坛画及挂毯；另一个为第十二大厅，卢卡·贝尔特拉米最初将其设计为八角形，处于美术馆中央，而比亚乔·比亚杰蒂则将此大厅构想为珍藏17世纪伟大绘画的圣所（此处显然致敬乌菲齐特利布纳展厅）。最后一个大厅主要收藏宗教绘画作品，展品约为150件。最初的核心馆藏可追溯至18世纪早期，即教皇本内笃·兰贝尔蒂尼十四世在位期间。绘画主题为基督教东方分支的神学概念、宗教及审美准则，这与整个美术馆中的文化形象似乎格格不入，但又不难理解，因整个博物馆处于更为宏观的基督教世界的概念中。

1932年的博物馆布展极具价值。为梵蒂冈馆藏赋予历史顺序及教学意义并非易事，因为梵蒂冈美术馆绘画收藏并非出于某个有意识的规划或决定性的主旨，整个馆藏线索极为零碎，甚至随意。如今构成整个展览部分的绘画均来自不同地方及场合，如乔托的《斯特法内斯基多联画》、贝尼尼的《天使们》，或是瓦伦汀、普桑及萨奇创作的画作均源自圣彼得大教堂，拉斐尔的《圣容显现》原藏于圣彼得门托里奥、《圣母、委托者与圣人》原藏于福利尼奥的孔特塞修道院（城市名称正出自此画），卡拉瓦乔的《耶稣下十字架》最初藏于瓦利切拉圣母玛利亚教堂，圭尔奇诺的《忏悔的玛达莱娜》最初藏于罗马的孔维尔提特教堂。此外，部分藏品采购自奎里纳尔宫美术馆及卡皮托利纳博物馆。遭受镇压的耶稣会士也贡献了不少艺术作品（如巴罗奇创作的那幅《埃及出逃后的休息》），部分藏品自使徒图书馆转移至此（主要指馆中“原始”的部分，即14—15世纪早期的木版画）。其他藏品则为在不同时期和不同场合中获得的捐赠品或采购品。

观赏梵蒂冈美术馆的最佳方式或许是借助记忆、眼睛与审美趣味，我们固然会首先被那些著名的杰作所吸引，它们无数次地出现在浩如烟海的艺术史书籍中（在真正面对这些杰作时，我们自然难掩心中的欣喜与激动），但那些较不著名的画作同样具有令人惊叹的品质与创造力，它们同样值得我们驻足停留。

以下是我（个人观点）认为在观赏梵蒂冈美术馆时绝不容错过的杰作。首先为乔托的《斯特法内斯基多联画》，此画原出自君士坦丁老圣彼得大教堂，被视为意大利艺术史的奠基之作。这是哥特风格最具震撼力的杰作，正面刻画了罗马教皇的胜利荣耀，背面则反映了两名圣使徒（即圣彼得与圣保罗）的悲惨殉难，象征了教会阶级与教义的基本准则。这是一幅至高至圣的官方代表作，也是对圣彼得之后教皇神学教义的最佳阐释（这也是为何此画最初藏于圣彼得祭坛中）。此外，作品成功地展示了哥特绘画的诗学特征，即可测量空间的准确性及逼真感，我们可将此创造定义为具有自然倾向的幻觉主义。委托创作此画的红衣主教雅各布·斯特法内斯基正跪拜于圣使徒的宝座前，画家以极其微缩的方式在画中复制了我们眼前的这幅画。

前两个大厅中央位置为《斯特法内斯基多联画》，构成整个展览及阐释的核心区域。周边墙壁上则满布风格、作者及尺寸不一的画作。其中包括声名显赫的14世纪与15世纪早期佛罗伦萨与锡耶纳画家，如雅各布·德尔·卡森提诺、马里奥托·迪·纳尔多、西蒙内·马尔蒂尼、彼得·洛伦泽蒂、乔万尼·迪·保罗、萨塞塔等。也有著名的里米尼画家（如彼得·达·里米尼、巴伦茨奥等），博洛尼亚画家（维塔雷、“伪—雅各皮诺”等），翁布里亚地区画家（如巴托洛米奥·迪·托马索等），马尔凯画家（如阿雷格雷托·努兹、吉斯、真蒂莱·达·法布里亚诺等）。

对于专业艺术史鉴赏者来说，走进梵蒂冈，犹如进入了艺术史学家贝尔纳多·贝伦森著作中的“绘画目录”，或是理查德·奥弗内笔下的“作品大全”。即使是非专业参观者也可轻松捕获首要两个大厅透露的重要艺术信息：乔托开创了属于意大利的绘画语言，仿佛春天绽放花蕾的玫瑰花，预告了繁花似锦的艺术夏季；其后诞生的诸多学院流派便构成了著名的艺术“文艺复兴”。绘画爱好者可于此与享誉世界的大师及其作品深入交流，品鉴里米尼画家精致仿古的优雅（如彼得·达·里米尼与巴伦茨奥）；欣赏博洛尼亚大师笔触中的柔和感觉，鲜活的表现力，画作既尊贵又通俗（如维塔雷那幅约创作于1340年的《巴图蒂圣母》，令人过目难忘）；亦可饱览15世纪初期锡耶纳画家作品中的怪诞与奇幻（如萨塞塔及乔万尼·迪·保罗的作品）。

提醒各位观者需在一幅特殊的作品前稍做停留，那便是真蒂莱·达·法布里亚诺创作的祭坛附饰画的隔层部分，尤其需关注其中《巴里的圣尼古拉生平故事：拯救海难船只》的场景。1425年，马萨乔开始在布兰卡奇礼拜堂中进行创作，马尔凯画家真蒂莱也在借鉴林保尔、凡·艾克的弗兰芒式自然主义来改造乔托的风格，他在场景中着重刻画“情感”，突出面对“真实”之时的惊诧。而海难主题的画笔则停留在那场“海洋暴风雨”，北风怒吼，翠碧的海水中，船只嘎吱作响，风帆被撕裂，圣人从天而降，如同一只敢于与命运旋涡搏斗的英勇雄鹰。

观者继续前行，将看到展出15世纪作品的大厅，可欣赏贝亚托·安杰利科、贝诺佐·格佐利、梅洛佐·达·福尔利的杰作（第四大厅）。其中的《音乐天使》为壁画碎片，从被毁坏的圣使徒教堂剥落而得(约1480年)。这是梵蒂冈博物馆中最广为人知的绘画作品，也是最为璀璨夺目的精美之作，它实现了沿袭至皮耶罗·德拉·弗朗切斯科绘画风格的最后转变：透视方式进一步演化，场景色彩更为丰富，突出修辞性。另一幅剥落的壁画则为梅洛佐创作，描述教皇故事，即《教皇西斯托四世任命巴托洛米奥为梵蒂冈图书馆圣骑士馆长》。我认为此画可谓梅洛佐的代表名作，所有梵蒂冈博物馆观者均应于此驻足欣赏。画面古典而优雅，透视为发散式，呈现出神圣宫殿的宏伟壮阔。伟大的教皇跪拜接受任命，旁边环绕着显贵与教士。画面描述的事件约发生在1477年，而罗维雷教皇将在几年之后邀请佛罗伦萨及翁布里亚画家（如基兰达约、佩鲁吉诺、波提切利、西诺雷利等）来绘制西斯廷壁画，由此也让梅洛佐的壁画染上一层真正的政治色彩。这是罗马教皇与文化界的联合（此联合注定会不断扩大，开出丰饶之花，并在此后数百年中，催生无可匹敌的伟大作品），也是梅洛佐的壁画中所展示的信息。

再往前，观者将欣赏到15世纪意大利绘画的各个地域分支流派（如艾米利亚、翁布里亚、威尼托等），壁画的创作者们在熠熠发光：如马克·巴萨伊提、巴托洛米奥·蒙塔尼亚、弗朗切斯科·福兰乔、弗朗切斯科·阿伦诺、克里维利、平托瑞丘、佩鲁吉诺、贝尔纳尔迪诺·迪·马里奥托、克拉·德尔·阿玛特里西、安东尼亚佐·罗马诺等画家。此大厅中珍藏着卢卡斯·克拉纳的一幅《圣殇》，源自15世纪初期被镇压的一所德国修道院；此外，大厅还守护着代表哥特式-文艺复兴时期的翁布里亚表现主义杰作，即那幅耀眼夺目的祭坛画，此画由伟大的“反叛者”巴托洛米奥·迪·托马索约于1450年绘制，此后由阿尔提艾利亲王赠予教皇莱昂十三世（原因是教皇于1888年提出基督教大赦年）。

此间大厅中的作品数量虽不多，但均为传世佳作。我指的是埃尔科勒·德·罗贝尔蒂创作的祭坛画《圣文森佐·费雷尔奇迹》，画面中心为熙攘的人物，极富节奏，传达出炽热情感。作品长约2米，高30厘米，创作时间为1473年，是文艺复兴时期的费拉拉画派的集大成之作，也是此流派最为怪诞和超现实的作品。此外，我还推荐卡洛·克里维利在弧面窗中绘制的《圣殇》及安东尼奥·维瓦里尼的多联画。画作源自佩萨罗的圣安东尼教堂，完好无损，金箔装饰，富丽堂皇，仍保留着最初的木质结构。阿伦诺的现代三联画最初藏于卡梅里诺的圣维兰茨奥修道院，于19世纪转移至梵蒂冈美术馆。另外，那幅同样由阿伦诺创作的壮观祭坛画也堪称绝妙，创作时间为1466年，最初源自阿斯科利·皮切诺的马尔卡·蒙特尔帕罗。

第八大厅珍藏着拉斐尔那幅讲述音乐的杰作与几幅著名的祭坛画（《圣容显现》《弗利诺圣母》《奥狄祭坛画》《巴里奥尼祭坛画》），此外还有描绘圣彼得与圣保罗故事的挂毯画。圣保罗挂毯画是拉斐尔为西斯廷礼拜堂装饰构思的著名画作系列中的一部分（原始草稿图保存在伦敦的英国维多利亚和阿尔伯特博物馆），彼得·凡·阿尔斯特在布鲁塞尔将其转换成织布画。

荟萃拉斐尔杰作的第八大厅是代表梵蒂冈博物馆的三大巅峰区域之一，其他两个巅峰分别为西斯廷大厅及西斯廷穹顶。第八大厅中的拉斐尔作品如同一面镜子，映照出上帝与人类那完美无瑕、神圣至上的世界，展示了艺术家创作的最高境界。画作中亦不乏人类的激情、俗世的恐惧和情感的冲突（如《圣容显现》画作底部的人群激动不安），也呈现了可见世界的无限光芒（如《福里格诺祭坛画》中，泰伯山后的罗马落日余晖，蓝紫色的天空划过神奇流星）。这是美的安慰，温暖着心灵，让人为生存而感激欣喜。拉斐尔的挂毯画浓缩了伟大历史和神圣岁月，自然也能轻易俘获之后的数代伟大艺术家，如阿尼巴尔·卡拉齐、圭多·雷尼、彼得·达·科尔托纳 、普桑、大卫等。

站在这些描绘圣使徒故事的挂毯画面前，我们可真正理解贝伦森（美籍犹太裔艺术史学家，信奉文化多元论和信仰不可知论）有关犹太文化的文字的含义。

让我们继续美术馆之旅，畅览 15 世纪及 16 世纪的艺术史名作。它们是任何一部艺术书籍必会收录的画作，也是令每个观者情不自禁击节称叹的杰作。如乔万尼·贝里尼创作的《耶稣圣殇》、祭坛画《圣母加冕》（此前位于佩萨罗的圣弗朗切斯科教堂，如今迁至佩萨罗的市立博物馆），达·芬奇的《圣哲罗姆》（原属于安吉利卡·考夫曼藏品）等。

此大厅中收藏着提香的祭坛画（本藏于威尼斯圣尼古拉教堂）、委罗内塞创作的《圣海伦纳异象》、帕里斯·波尔多绘制的《圣乔治杀龙》。此外还有一幅最初由拉斐尔构思，由弟子朱利奥·罗马诺与乔万尼·弗朗切斯科·佩尼完成的祭坛画（最初藏于门特鲁切修道院）。拉斐尔画室集结了诸多才华横溢的青年艺术家，他们吸收并借鉴了拉斐尔创作风格，将其传遍意大利各个角落，此祭坛画便是象征。

继续在美术馆中漫步，我们可欣赏到几幅对意大利艺术史来说至关重要的里程碑式画作：鲁多维科·卡拉奇的《圣三位一体与耶稣逝世》（齐吉的某任大主教将其赠予教皇依诺森十二世），巴罗奇那幅不落俗套的《圣母领报》（最初藏于洛雷托的乌尔比诺大公弗朗切斯科·德拉·罗维雷礼拜堂），《埃及出逃后的休息》（最初藏于佩鲁贾的耶稣会士教堂）。

绘画艺术在此时期迎来了伟大的改革，也出现了史书中称为“反宗教改革”的运动，乌尔比诺画家费德里科·巴罗奇与鲁多维科·卡拉奇是此阶段最为知名的艺术家。巴罗奇以独特而优雅的个性著称，他细腻而忧郁，具有温润的心灵和宁静的头脑，善于敏锐地观察世界的奇迹、人类的情感和信仰的真相。巴罗奇是矫饰主义绽放的最后花朵，他借鉴拉斐尔、科雷乔等艺术家的风格，也研习安德烈·德尔·萨尔托那极富学识、炽热色彩的画作。巴罗奇创作的《埃及出逃后的休息》，绘制于1570—1573年，可谓世界艺术史中最为触动心灵的一幅“草地上的午餐”。神圣宗教，神话传说，温热的家庭情感，夏季下午的宁静，都融汇于画作中。圣朱塞佩将刚从树上采摘下来的樱桃喂给圣婴（画作也由此被称为《樱桃圣母》），圣母沉浸在甜蜜中，用一个小碗装着附近的流水，画面第二层中的驴子正专注地望向该场景，神态骄傲，仿佛它也是那将小耶稣从希律王的罪孽中拯救出来的英雄之一。

美术馆核心区域为建筑师贝尔特拉米设计的八角形第十二大厅，珍藏着罗马17世纪伟大画作。这些油画部分源自圣彼得大教堂祭坛（尼古拉斯·普桑创作的《圣伊拉斯谟殉难》，瓦伦汀完成的《圣普洛切索与圣马尔提尼亚诺殉难》）及几座罗马教堂，并包括卡拉瓦乔创作的《耶稣下十字架》（最初藏于瓦利切拉圣母玛利亚教堂，又名“新教堂”），多美尼基诺的《圣哲罗姆与圣餐》（出自圣哲罗姆仁爱教堂），圭多·雷尼创作的《圣彼得被钉上十字架》（源自三喷泉圣保罗教堂），安德烈·萨奇绘制的《圣罗穆阿尔多异象》（最初藏于被拆毁的圣罗穆阿尔多教堂），以及圭尔奇诺完成的《忏悔的玛达莱娜》（最初藏于孔维尔提特的圣玛利亚·玛达莱娜教堂）。八角大厅中的每幅油画均为旷世杰作，代表着艺术家的辉煌时刻。这些画作完整展现出17世纪意大利绘画流派伟大的演进变化。

自然主义的巅峰之作为卡拉瓦乔创作于17世纪早期的《耶稣下十字架》。这场绘画文化的改革之风在20年后得到回响（1629年），即瓦伦汀创作的殉难主题，画作柔软优雅，但又残酷真实；也体现在画作《圣彼得拒绝》中，此画具有罕见的强烈感，但画家身份仍未知，学者将他命名为“撒拉逊房客”。彼得·贝罗里提出的“理想之美”诗学理论反映在多美尼基诺创作的伟大油画《圣哲罗姆与圣餐》（1614年）中，而新古典主义则表现为尼古拉斯·普桑绘制的《圣伊拉斯谟殉难》（1628—1629年）。“理想之美”与“自然之真”时而会相互碰撞，时而也会相互渗透，这便是圭多·雷尼于1604—1605年受大主教彼得·阿尔多布兰迪尼委托为三喷泉圣保罗教堂所创作的《圣彼得被钉上十字架》，可被誉为博洛尼亚大师与卡拉瓦乔绘画诗学的最高代表。

八角大厅中的每一幅画都值得长久地驻足欣赏与凝神思考。我仅提及其中的两幅大作，分别为卡拉瓦乔的《耶稣下十字架》及圭尔奇诺的《忏悔的玛达莱娜》。《耶稣下十字架》宏伟壮观，但极富悲剧色彩。玛利亚位于第二层，手臂抬起，她的吼叫打破了那令人无法容忍的沉默。耶稣已死，尸身苍白，毫无血色，这是画家对圣彼得教堂中米开朗琪罗的《圣殇》的致敬。坟冢中的石头也是傅油礼之石，旁观者将履行这犹太教仪式，即尸身的清洗与澄净。观者可瞥见坟冢的一角，正如圣经预言书所说“被建筑工人所摒弃的石头如今已成为坟冢一角”（《赞美诗》）。

耶稣从十字架上被搬下来，置身于坟冢中。此坟冢一角的石头上将书写未来人类历史。画家与奥拉托利会的圈子多有接触，他的宗教哲思深邃睿智，以现代风格对过去至美的模范作品进行创造性的接受与弘扬，呈现出由光明与黑暗揭露的“真实”道德感。这幅作品是卡拉瓦乔刚过而立之年，为“新教堂”的圣殇礼拜堂的所有者吉洛拉姆·维特利切创作的（如今位于梵蒂冈美术馆）。

乔万·弗朗切斯科·巴尔比艾力（亦称圭尔奇诺）绘制于 1622 年的作品《忏悔的冯达莱娜》中则萦绕着一种别样的情感与精神氛围。圣玛达莱娜在金黄的光线中忏悔，伴着罗马城宁静的落日。画家擅长营造情感的诗意，其风格在此画中展示得淋漓尽致。一切都哀婉忧郁，这是心灵的抚慰，是感觉的平和，是意识到美正在流逝的痛苦，彩色阴影呈现太阳在远方水平线上最后的余晖。任何有幸欣赏过此幅作品的观者均能明白为何它会风靡全世界，为何国际收藏家与批评家会对此赞不绝口。梵蒂冈美术馆最后几间大厅藏品具有明显的随意和不连续特征。固然我们仍可遇见真正的杰作（如卡洛·马拉塔的《克雷蒙特九世肖像画》、博洛尼亚画家朱塞佩·玛利亚·克雷斯皮的《本内笃十四世肖像画》，“夜晚”的普桑讲述《杰德奥内战胜马蒂亚尼人》、彼得·达·科尔托纳创作的大卫生平故事系列、巴齐奇亚的《圣弗朗切斯科·萨维里奥异象》等），但支撑着前述大厅的布展规划及历史——教学思想在这几间大厅中显然不再适用。

1711 年，多纳托·克雷蒂受公爵路易齐·费尔迪南多·马尔西里的委托，以“天文观测”为主题创作了八幅油画，它们具有令人惊叹的美与魅力，令任何绘画爱好者都无法掩饰内心的喜悦。画作随后赠予教皇克莱蒙特十一世，旨在说服他在博洛尼亚建造天文观测室。油画呈现行星在白天各个时刻和夜晚广袤的寂静中展现出的神奇变化，表达出人类在凝视与研究星象时感受到的惊叹与赞美。克雷蒂为博洛尼亚画派中的佼佼者，他刻画了无垠的天空和人类在宇宙奥秘面前表现出的沉静，他的画作具有浪漫主义前期的感官性，已展露出现代化的蕴含。此八幅关于星象观测的油画令人过目难忘。

最后，让我们以两组不可思议的作品来结束梵蒂冈美术馆大厅之旅，分别为詹·洛伦佐·贝尼尼画作及希腊、巴尔干与斯拉夫地区的东正教图像。1661—1673 年，贝尼尼为圣彼得大教堂的“圣事”祭坛创作了一组真实比例的糙土模型。正如同时代人所赞誉的，这名天才而伟大的雕塑家可为他的作品赋予“生命的真实”，贝尼尼的创作风格在这里初见端倪，极具直观性。贝尼尼的巴洛克主义作品是感官的燃烧与升华，是荣耀之美，是舞台和戏剧，也是情绪与感觉的投入。就近观察这些糙土模型，可发现雕塑家的创造灵感飞驰其中，他完成了对材质的精神性转变，材料臣服于艺术家的双手，实现了将城市浓缩于单个宏壮雕塑中的梦想。

另一组作品位于最后一个大厅（第十八大厅），该厅主要收藏圣像作品。教皇本内笃十四世在图书馆的圣博物馆中收集并展出了最初的核心展品。1762 年，启蒙主义的科学性，百科全书的博学性与历史的感官性是时代主旋律。博学的教皇兰贝尔蒂尼不仅研究罗马天主教与基督教，也不遗漏东正教绘画形式与宗教仪式。在数次采购与捐赠后，藏品不断丰富，目前共有约 150 幅作品。展出的作品风格迥异，创作时期各异。反复出现东正教典型的形象，如《耶稣下至地狱》《圣母之死》《耶稣荣耀》与圣诞节日历或宗教仪式、不同形式的圣母玛利亚，以及东正教推崇的圣人（如圣尼古拉、圣格里高利、圣德梅特里奥等）。大部分画作为俄罗斯风格，但亦不乏希腊、巴尔干与克雷特塞画派。部分画作为达尔玛提卡、威尼托—克雷特塞地区混合风格（如三联画《圣母加冕》《圣殇圣母、圣哲罗姆与圣弗朗切斯科》等）。藏品中还有维克多大师装饰教堂梁柱的《圣彼得与圣保罗故事》。

圣像大厅是美术馆之旅的终点，但观者在走出美术馆时，可在温泽尔・彼得的画作前稍做停留。画作描述了始祖在伊甸园的原罪，展现出大量奇珍异兽。观者在此前的大厅中欣赏了严肃的画作及极具象征性的东正教圣像画作，陡然观赏到这幅截然不同的画作，无疑会为此迷人景象惊叹不已。

乔万尼·本西
圣母、圣婴、圣奥诺弗利奥、圣尼古拉、圣巴托洛米奥与布道者圣约翰
木板蛋彩画
166cm × 234cm
乔万尼·本西（史料记载为1351—1371年）为佛罗伦萨圣雅各布、圣露琪亚与圣米尼亚托教堂的莫拉利礼拜堂创作此多联画，画作于1909年存入梵蒂冈美术馆。

SCS: BARTOLOMEUS: APP

尼古拉与乔万尼（12世纪下半叶）

末日审判

木板蛋彩画

288cm × 243cm

最初藏于圣格里高利·纳兹安泽诺祈祷室（与战神广场圣母玛利亚教堂的圣本笃修女院合并），1660年画作转移至圣路易大教堂，1934年后存入美术馆。

第25页

尼古拉与乔万尼（12世纪下半叶）

末日审判（局部）

CANENT
ENIMTV
BAETMOR
TVIRE
SVRGVNT

罗马学院（12世纪下半叶）
祈福基督
木板蛋彩画
98.2cm × 58.6cm
最初藏于战神广场圣母玛利亚教堂的圣本笃修女院，1931年存入美术馆。

马尔加里托内·达·阿雷佐
圣方济各
木板蛋彩画
127.2cm × 53.9cm
约1270—1280年
马尔加里托内·达·阿雷佐（阿雷佐，约1216—1290年）创作的此幅画作临摹本数量众多，其中著名的复刻画为锡耶纳的临摹本、阿雷佐美术馆的两幅临摹画（源自甘杰雷托与萨尔加诺修道院）、门特普尔齐亚诺的临摹本、弗朗切斯科·达·利帕临摹画（藏于罗马）。尚不清楚真迹是否位于上述临摹画中，或已散佚。

君塔·皮萨诺学院画室
圣方济各的生平故事
木板蛋彩画
67cm × 86.5cm
约1260—1270年
此画与阿西西圣方济各教堂之画具有惊人相似性，极有可能源于君塔·皮萨诺遗失的真迹。

.UITALIS .DE BONONIA .F

第30页
维塔雷·达·博洛尼亚
巴图蒂圣母
木板蛋彩画
95.6cm × 68cm
1340年
此画应本为宗教行列仪式的旗帜，最初藏于费拉拉的巴图蒂·比安奇育婴堂。1841年转至梵蒂冈使徒图书馆，1909年存入美术馆。

“施洗者约翰生平故事大师”
年轻的圣约翰与天使
木板蛋彩画
47.8cm × 40.5cm
1340年
此幅祭坛画描述施洗者约翰生平故事。最初藏于梵蒂冈使徒图书馆，1909年存入美术馆。

阿雷格雷托·努兹

宝座圣母、圣米凯莱与圣奥尔索拉

木板蛋彩画

116.2cm×57.8cm（中央）；92cm×42cm×2（两侧）

为法布里亚诺的圣露琪亚教堂圣奥尔索拉与大天使圣米凯莱礼拜堂绘制。1634年归法布里亚诺家族所有，1664年家族将其赠予罗马的圣莱昂纳多·阿拉·伦加拉教堂。1800年成为奥古斯蒂诺·马里奥迪的藏品。1820年，由庇护六世购得，存入梵蒂冈使徒图书馆。1909年，存入美术馆。

弗朗切斯科·吉斯

谦卑圣母

木板蛋彩画

36.7cm×21.7cm

约1350—1355年

14世纪50年代中期时，画家在与努兹或普奇奥·迪·西蒙内接触后创作，可被视为画家早期画作。原存于梵蒂冈使徒图书馆中，1909年存入美术馆。

贝尔纳尔多·达迪

圣史蒂芬生平故事：圣人纪念碑

木板蛋彩画

26.7cm × 30.5cm

1345年

八幅版画讲述圣史蒂芬的生平故事，画作共同构成一幅多联画（现已散佚）的基台部分。依循雅各布·达·瓦拉吉内在《黄金传说》中的相关记载，描述圣人的殉难和圣骸的寻找。存于梵蒂冈使徒图书馆中。

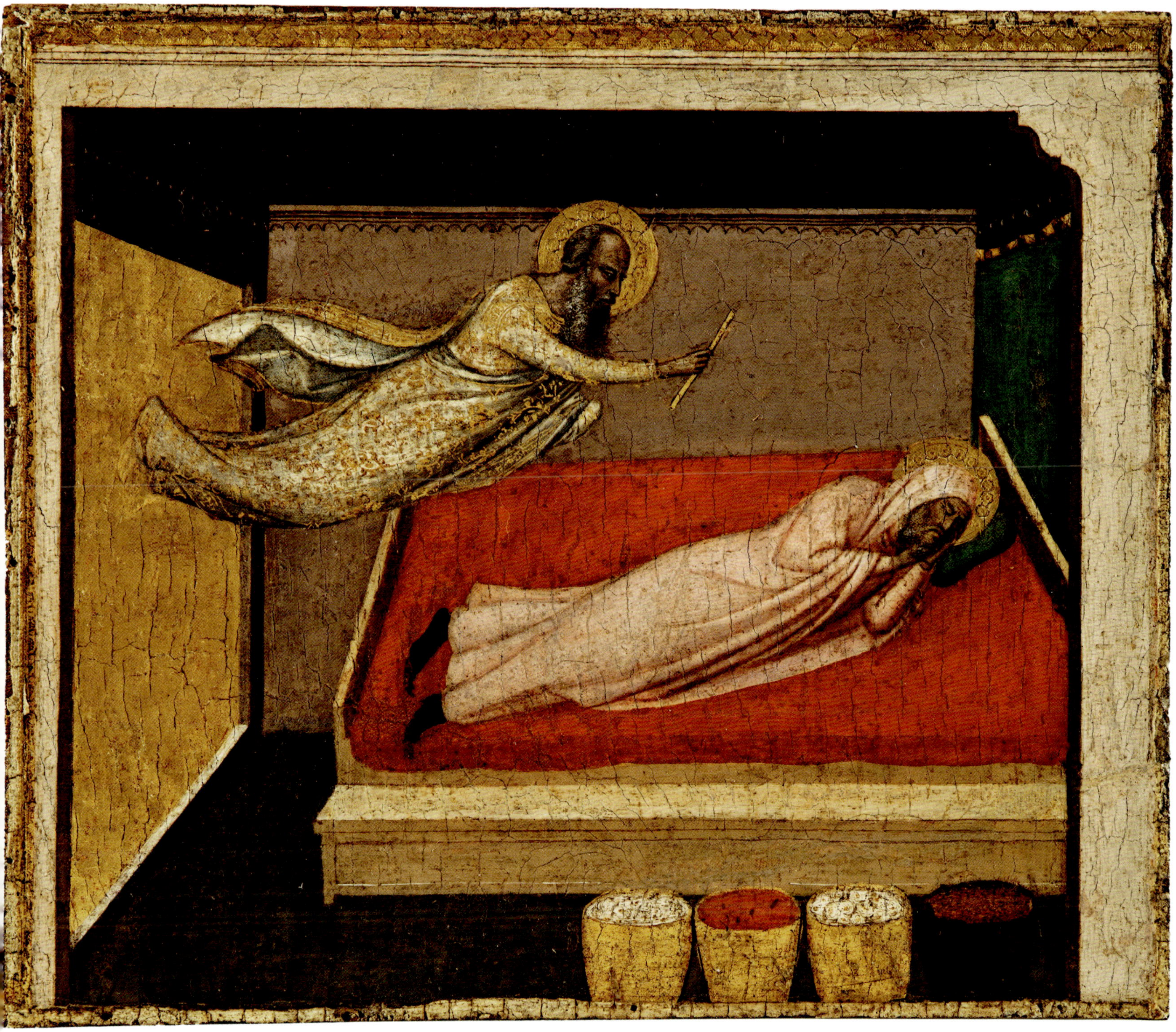

贝尔纳尔多·达迪
圣史蒂芬生平故事：圣杰马伊艾乐显现在圣卢奇亚诺面前
木板蛋彩画
26.7cm × 30.4cm

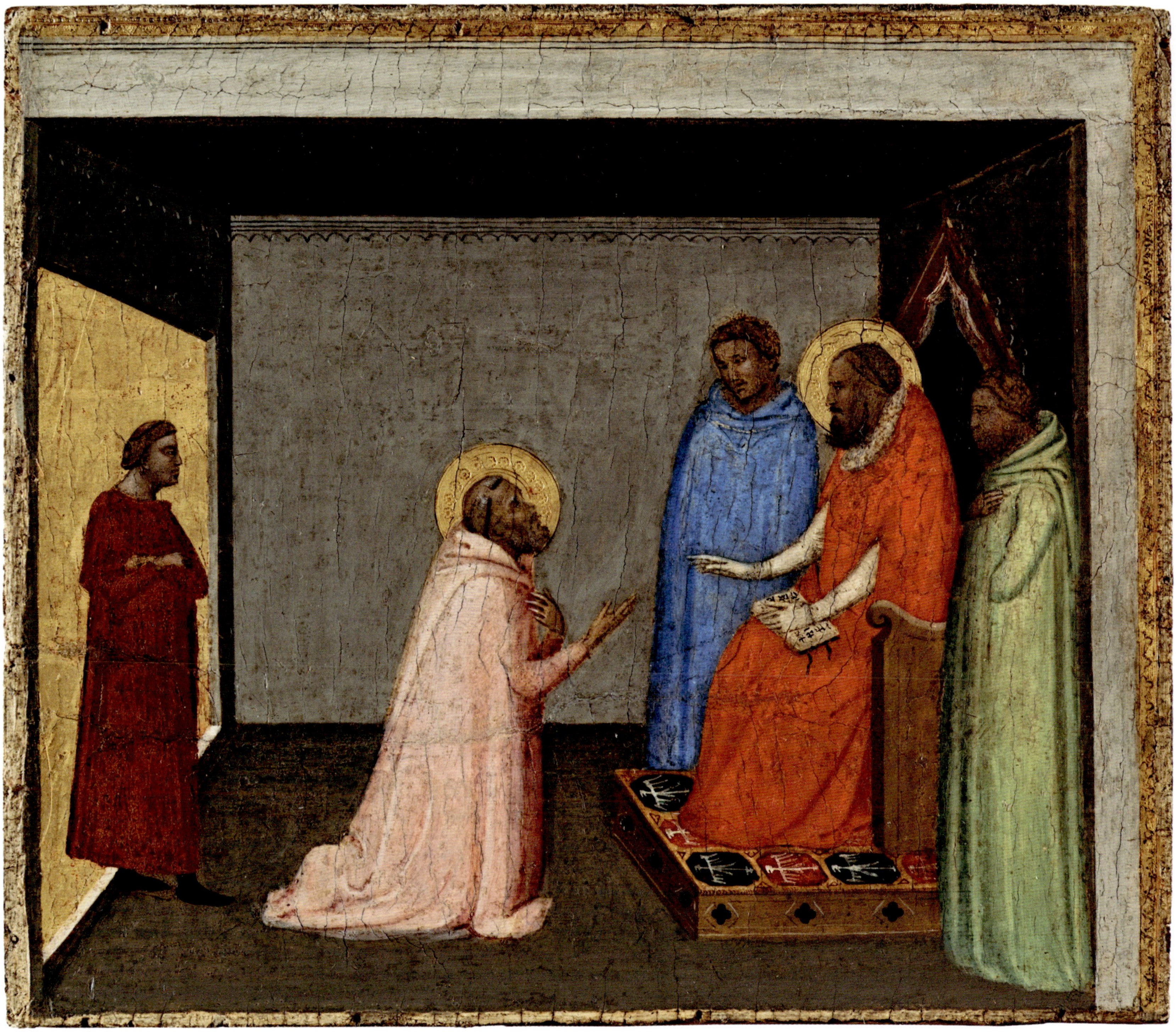

贝尔纳尔多·达迪
圣史蒂芬生平故事：圣卢奇亚诺向耶路撒冷宗主教约翰讲述自己的神示幻象
木板蛋彩画
26.5cm × 30cm

贝尔纳尔多·达迪
圣史蒂芬生平故事：寻找圣卢奇亚诺、圣阿比波、圣尼哥德莫与圣史蒂芬的遗骸
木板蛋彩画
26.5cm × 30.5cm

贝尔纳尔多·达迪
圣史蒂芬生平故事：圣人遗骸的迁移
木板蛋彩画
26.5cm × 30cm

贝尔纳尔多·达迪
圣史蒂芬生平故事：圣人遗骸的二次迁移
木板蛋彩画
26.5cm × 30cm

贝尔纳尔多·达迪

圣史蒂芬生平故事：圣史蒂芬遗骸进入罗马，与圣洛伦佐遗骸合并

木板蛋彩画

26.5cm × 30cm

贝尔纳尔多·达迪
圣史蒂芬生平故事：众人在圣史蒂芬与圣洛伦佐坟冢上恳求奇迹
木板蛋彩画
26.5cm × 30cm

第42页
安东尼・委内茨安诺
大圣贾科莫
木板蛋彩画
57cm × 43cm

安东尼・委内茨安诺
圣玛利亚・玛达莱娜
木板蛋彩画
56.6cm × 43.1cm
两幅画作为同一幅多联画被拆散的两部分。存于梵蒂冈使徒图书馆。

贝尔纳尔多·达迪
伟大圣母像
木板蛋彩画
71cm × 53cm
约1335—1337年
木版四边切割，本为一座活页圣体龛的中心部分，是描绘圣保罗与圣托马斯·阿奎纳的侧板画作，存于伯纳艺术博物馆。画中圣母与佛罗伦萨歌剧大教堂博物馆中圣体龛画作圣母形象一致。先前存于梵蒂冈使徒图书馆。

第45页
西蒙内·马尔蒂尼
祈福救赎者
木板蛋彩画
38.3cm × 28.5cm
约1315—1320年
该画风格与锡耶纳的市政厅中的《圣母像》较为接近。先前存于梵蒂冈使徒图书馆。

真蒂莱·达·法布里亚诺

巴里的圣尼古拉生平故事：圣人降生

木板蛋彩画

35.5cm × 35.5cm

1425年

画作为多联画基台，由夸拉特斯家族委托画家为佛罗伦萨阿诺河上的圣尼古拉教堂而作。有艺术家署名，1834年时已被拆散。

其中构成基台部分的画作存于华盛顿国家画廊，描绘圣母、圣子与天使的中央画作藏于伦敦国家美术馆，而其余四幅描绘圣人的侧板则存于佛罗伦萨的乌菲齐美术馆。

真蒂莱・达・法布里亚诺
巴里的圣尼古拉生平故事：圣人令三名溺在盐水中的孩子复活
木板蛋彩画
36.5cm × 36.5cm

真蒂莱・达・法布里亚诺
巴里的圣尼古拉生平故事：圣人将三个金球赠予三名穷苦女孩
木板蛋彩画
36.1cm × 35.8cm

真蒂莱・达・法布里亚诺
巴里的圣尼古拉生平故事：
拯救海难船只
木板蛋彩画
38.2cm × 62cm

乔托·迪·波多内
斯特法内斯基多联画
前侧：木板蛋彩画
178cm × 89cm（中央）
168cm × 83cm（两侧面）
45cm × 83cm（基台部分）
由大主教雅各布·斯特法内斯基委托乔托为梵蒂冈圣彼得大教堂主祭坛创作，时间约为1320年。双面绘制，正面中央为位于宝座上的圣彼得，旁为敬献者。大主教斯特法内斯基及切雷斯提诺五世由其保护者圣乔治及教皇圣切雷斯提诺一世代表。
侧板为圣施洗约翰、圣安德烈、圣保罗与圣贾科莫，基台为圣人上半身像。
背面中央为位于宝座上的祈福基督，旁为天使与敬献者。侧板描绘圣彼得被钉上十字架与圣保罗被斩首。基台中，圣母坐于宝座上，旁为天使与圣使徒。

第51页
乔托·迪·波多内
斯特法内斯基多联画（局部）

第52页
乔托・迪・波多内
斯特法内斯基多联画（局部）

乔托・迪・波多内
斯特法内斯基多联画
后侧：木板蛋彩画
178cm × 89cm（中央）
168cm × 83cm（侧面）
45cm × 83cm（基台部分）

乔万尼·迪·保罗
基督在花园里祈祷
木板蛋彩画
32cm × 32.5cm

乔万尼·迪·保罗
哀悼基督
木板蛋彩画
32.5cm × 33.5cm
1445年
两幅画或为多联画《圭尔菲》的基台，有画家署名，现存于佛罗伦萨乌菲齐美术馆。基台中另两幅画作分别为《耶稣赴难路》（费城的约翰森藏）与《耶稣被钉上十字架》（藏于阿尔滕堡的林登博物馆）。

奥斯文扎大师
鞭笞基督
木板蛋彩画
36.7cm × 46cm
约15世纪30年代后期
通常被视为不知名艺术家奥斯文扎大师所作，画家因其在锡耶纳奥斯文扎教堂的三联画而得名，伦吉最早将其命名为奥斯文扎大师。对该画创作时间范围的推断依据，是其风格与同一幅创作于1436年的三联画及另一幅约创作于1440年的阿夏诺牧师会教堂的祭坛画较为接近。

第57页
彼得·洛伦泽蒂
耶稣位于皮拉托前
木板蛋彩画
37.6cm × 27.7cm
约1335年
多数学者均认可画作为彼得·洛伦泽蒂所作。版画背面以仿制大理石图案装饰，应为双联画或活页圣体龛的部分。先前存于梵蒂冈使徒图书馆中。

第58—59页
萨诺·迪·彼得
逃往埃及
木板蛋彩画
32.2cm × 49.7cm
约1450—1455年
该画与《耶稣降生》及《向牧人宣告》同属于某幅散佚多联画的基台部分。风格与萨诺·迪·彼得晚期作品较为接近。先前存于梵蒂冈使徒图书馆中。

萨塞塔
圣托马斯·阿奎纳异象
木板蛋彩画
25cm × 28.8cm
1423—1426年
为三联画《羊毛行会》基台部分，为锡耶纳的佩雷格里诺教堂柯尔柏拉兹奥内礼拜堂所绘。1816年被拆散，随后遗失。中央部分、顶饰与左侧板均已散佚，三联画其余部分保存于不同地点（锡耶纳、热内亚、马萨·马里蒂马、纽黑文、布达佩斯、巴纳德城堡及墨尔本）。

马里奥托·迪·纳尔多
耶稣降生
木板蛋彩画
34.3cm × 25.5cm
约1385年
与《圣母领报》同属于某幅画家青年时期作品的基台，原藏于梵蒂冈使徒图书馆，1909年存入美术馆。

贝亚托·安杰利科

巴里的圣尼古拉生平故事：圣人诞生、蒙召、为三位穷苦少女布施

木板蛋彩画

35cm×61.5cm

1437年

《巴里的圣尼古拉生平故事》画作属于三联画基台，由大主教本内笃·圭达尔罗蒂于1437年委托画家为佩鲁贾的圣多米尼克教堂圣尼古拉礼拜堂而作，与描绘圣母与圣子的中央部分、描绘四位圣人的侧板及另一幅基台画作共同存于佩鲁贾的翁布里亚国家画廊。

贝亚托·安杰利科
巴里的圣尼古拉生平故事：遇见帝国使者、谷物奇迹、拯救海难船只
木板蛋彩画
35cm × 61.5cm

第66页
贝亚托・安杰利科
在圣多米尼克、亚历山德里亚的圣卡特琳娜之间的圣母与圣婴
木板蛋彩画
24.4cm × 18.7cm
约1435年
本为罗马・比森齐奥藏品，随后为杜德雷勋爵所得，1872年将其与另一幅梵蒂冈作品交换。画作精美异常，展示出画家对细密画技巧的深刻认识。

贝诺佐・格佐利
圣母将腰带呈交给圣托马索（腰带圣母）
木板蛋彩画
133cm × 164cm
约1450—1452年
基台中为《圣母诞生》《圣洁圣母的婚礼》《圣母领报》《耶稣降生》《圣庙敬献》《圣母沉睡》，源自蒙特法尔克（佩鲁贾）的圣福尔图纳托教堂，格佐利曾在该教堂绘制多幅壁画。1848年，市政府将其作为贝亚托・安杰利科的作品赠予庇护九世。

菲力浦·利比与助手们
圣母加冕、天使、圣人与敬献者
木板蛋彩画
170cm×95cm（中央）
164cm×83cm（侧面）
1444年
由卡洛·马尔苏皮尼委托画家为阿雷佐的奥利维塔内·圣贝尔纳尔多修道院礼拜堂而作。格里高利·马尔苏皮尼与其子卡洛被描绘为敬献者。画作布局简单，重复了1441—1447年为佛罗伦萨的圣安布罗乔教堂主祭坛所绘的同一主题画作（现藏于乌菲齐美术馆）。在修道院财产转让（1785年）期间，由阿雷佐的利比家族所得。1841年，为乌戈·巴尔迪所有，成为罗马巴尔德斯基藏品，随后由教皇格里高利十六世为拉特兰美术馆购得（1844年）。

马索利诺·达·帕尼卡莱

耶稣被钉上十字架

木板蛋彩画

53.1cm × 31.6cm

1428—1431年

据可靠史料表明，《耶稣被钉上十字架》与《圣母之死》均应为多联画部分，现分散存于那不勒斯博物馆、伦敦博物馆，还由费城的约翰·约翰森收藏，由马尔提诺五世委托画家为罗马大圣母教堂科隆纳礼拜堂而作。通常被视为马索利诺在马萨乔协助下完成的作品。1909年存入美术馆。

马索利诺·达·帕尼卡莱
圣母之死
木板蛋彩画
19.7cm × 48.4cm

梅洛佐·达·福尔利
弹奏鲁特琴的天使
剥离壁画的残迹
101cm × 70cm
这14幅描绘使徒与音乐天使的残迹与《祈福救赎者》（现存于奎里纳尔宫）同属于梅洛佐在罗马圣使徒讲道坛中绘制的壁画。1711年，在教堂面临拆毁之前，画家朱塞佩·奇亚利将其剥离。残片最初被放置于贝尔维德雷小宫中，随后在法国占领期间，存入圣彼得教堂上方的“八”形画框中，随后辗转存入大教堂的卡皮托拉雷厅。1909年，整个系列存入梵蒂冈美术馆中。

第73页
梅洛佐·达·福尔利
击鼓天使
剥离壁画的残迹
117.5cm × 96.5cm

梅洛佐・达・福尔利

演奏提琴的天使

剥离壁画的残迹

113cm × 91cm

梅洛佐·达·福尔利
弹奏鲁特琴的天使
剥离壁画的残迹
117cm × 93.5cm

梅洛佐·达·福尔利
小天使群
剥离壁画的残迹
78.5cm × 95.5cm

TEMPLA DOMVM EXPOSITIS: VICOS FORA MOENIA PONTES:
VIRGINEAM TRIVII QVOD REPARARIS AQVAM.
PRISCA LICET NAVTIS STATVAS DARE COMMODA PORTVS:
ET VATICANVM CINGERE SIXTE IVGVM:
PLVS TAMEN VRBS DEBET: NAM QVAE SQVALORE LATEBAT:
CERNITVR IN CELEBRI BIBLIOTHECA LOCO.

第78页
梅洛佐·达·福尔利
教皇西斯托四世任命巴托洛米奥为梵蒂冈图书馆圣骑士馆长
剥离壁画
此剥离壁画源自旧梵蒂冈图书馆中，图书馆由西斯托·德拉·罗维雷四世（在位时间为1471—1484年）于1475年建成。梅洛佐·达·福尔利于1475年迁移至罗马，在教廷中崭露头角，受委托为人文主义者巴托洛米奥·萨奇（又称“圣骑士”）被任命为图书馆首任馆长这一历史事件创作画作。画家简洁勾勒主要人物，可谓真正的肖像画：中央为跪拜的“圣骑士”，西斯托四世坐于右侧宝座。教皇法庭总书记拉斐尔·利亚利奥位于右侧，未来的教皇朱利奥二世站于“圣骑士”面前，吉洛拉姆·利亚利奥及乔万尼·德拉·罗维雷则位于身后。

梅洛佐·达·福尔利
教皇西斯托四世任命巴托洛米奥为梵蒂冈图书馆圣骑士馆长（局部）

埃尔科勒·德·罗贝尔蒂
圣文森佐·费雷尔奇迹（局部）

埃尔科勒·德·罗贝尔蒂
圣文森佐·费雷尔奇迹
木板蛋彩画
30cm×215cm
1473年
该画为博洛尼亚的圣佩托尼奥教堂格利弗尼礼拜堂祭坛画的基台部分。1776年，在大主教庞贝授意下，画作被拆散。基台随后为菲利恰诺·布里茨所有，于1839年被售予教廷，1909年存入美术馆。

卢卡斯·克拉纳（老）
圣殇
木板油画
54cm×74cm
原藏于克罗伊茨林根（图尔高）圣奥古斯丁标准教会修道院，该修道院于1830—1840年被拆除。1851年，由斯特劳斯在巴黎售予教廷。

第84页
尼古拉·阿伦诺
圣母加冕，耶稣从十字架下放与圣人（蒙特尔帕罗多联画）
木板蛋彩画
291cm × 280cm
此画或许为蒙特尔帕罗（阿斯科利·皮切诺）的圣奥古斯丁修道院委托所作，1703年地震后，转移至大天使圣米凯莱教堂中。随后由教皇格里高利十六世于1844年为拉特兰美术馆购得，于庇护九世在位期间进入梵蒂冈。边框部分为乔万尼·迪·斯特法诺·达·蒙特尔帕罗所作。

尼古拉·阿伦诺
圣母加冕，耶稣从十字架下放与圣人（蒙特尔帕罗多联画）（局部）

巴托洛米奥·达·福里格诺

圣母加冕、耶稣降生、敬拜圣子(三联画《罗斯皮利奥西》)

木板蛋彩画

284cm×234.5cm

约1444—1445年

三联画《罗斯皮利奥西》由朱利奥·凯撒·瓦拉诺委托画家为卡梅里诺(马切拉塔)的圣维兰茨奥非主教教堂所作。1799年地震后,成为罗斯皮利奥西藏品,随后在19世纪下半叶,为阿尔提艾利亲王所有,1888年法布里亚诺将其赠予教皇莱昂十三世。

第86页

巴托洛米奥·达·福里格诺

圣母加冕、耶稣降生、敬拜圣子(三联画《罗斯皮利奥西》)(局部)

卡洛·克里维利
圣殇
木板蛋彩画
105cm × 205cm
该画由贝尔纳尔迪诺·朱思迪1831年在马尔凯为卡皮托利纳美术馆购得，1833年后存入梵蒂冈美术馆。

OPVS·CAROLI·CRIVELLI·VENETI

14 8 J · DIE VLTIMA · IVLII

维托雷·克雷维利与助手

圣母、圣婴与四位圣人

木板蛋彩画

100cm × 48cm（中央）

93cm × 25cm（侧面）

为格罗塔马雷（阿斯科利·皮切诺）的圣奥古斯丁教堂所作。格里高利十六世在位期间，为拉特兰购得，1909年存入梵蒂冈。

·1469· ANTONIVS DEMVRĀO·PIXIT

第92页
安东尼奥·维瓦里尼
修士、圣殇耶稣与圣人
木板蛋彩画
105cm × 130cm（下方）
80cm × 50cm（上方中央）
53cm × 30cm（上方侧面）
1464年
最初藏于佩萨罗的圣安东尼修道院祈祷室主祭坛中。1582年，该画被委罗内塞所绘的《圣母、圣婴与圣保罗》所取代（现藏于迪吉奥内美术馆）。1844年该画存入拉特兰美术馆，1909年存入梵蒂冈。

修士、圣殇耶稣与圣人（局部）

平托瑞丘
圣母与圣婴（窗台圣母）
壁画转移至青石
105cm × 87cm
1909年进入美术馆。《圣母与圣婴》残片应为平托瑞丘或其最密切的合作者所作，但该画来源不详。

第95页
乔万尼·萨奇
宝座上的圣哲罗姆
木板蛋彩画
189cm × 168cm
此画或为佩萨罗的圣巴尔托罗教堂所作，为乔万尼·萨奇年轻时期作品，可见梅洛佐风格影响。1839年该画存入拉特兰美术馆，1909年存入梵蒂冈。

VENITE·FI
LI·AVDITE
ME·TIMO
REM·DÑI
DOCEBO
VOS

安东尼·帕斯图拉

圣母将腰带呈交给圣托马索、圣格里高利的弥撒、忏悔的圣哲罗姆

木板蛋彩画

130cm × 52cm（中央）

130cm × 45cm（左侧）

130cm × 48cm（右侧）

此画对安东尼·帕斯图拉艺术生涯有着重要意义，他从承袭平托瑞丘的罗马风格（1492—1494年）逐渐转变至奥尔维耶托大教堂中的绘画方式（1497—1499年）。现藏于梵蒂冈使徒图书馆。

第97页

佩鲁吉诺

圣母、圣婴、圣洛伦佐、圣路易齐·迪·托洛萨、圣埃尔科雷诺与圣科斯坦佐（十人立法委员会圣母）

木板油蛋彩画

193cm × 165cm

此画为佩鲁贾十人立法委员会受普利奥利宫礼拜堂委托而作，时间为1497年。1797年转移至巴黎，1816年归还给庇护七世，1829年存入美术馆。

HOC
PETRVS·DE CHASTRO PLEBIS·PINXIT

佩鲁吉诺
圣本内笃
木板蛋彩画
31cm × 26cm
与其他五幅圣人半身像同属于佩鲁贾的圣彼得教堂圣器收藏室祭坛画的基台，卡西纳修士们委托画家为佩鲁贾修道院主祭坛所作。其余部分藏于鲁文博物馆，主要画作与弧面窗部分藏于里昂美术馆。1797年存入法国，1816年归还给庇护七世，1829年存入美术馆。

佩鲁吉诺
圣芙拉维亚
木板蛋彩画
33.5cm × 26cm

第99页
佩鲁吉诺
圣普拉西多
木板蛋彩画
33.5cm × 30cm

克拉·德尔·阿玛特里西

圣母升天、圣洛伦佐、圣本内笃、圣玛利亚·玛达莱娜与圣斯科拉斯提卡

木板蛋彩画

200cm × 133cm（中央）

115cm × 60cm（侧面）

三幅画作与《救赎者与四名先知》（藏于利艾提储蓄所）及劳伦斯的《四名先知》（藏于劳伦斯·斯宾塞博物馆）同属于某幅被分为八部分的大型多联画。本为阿索·福斯（阿斯科利·皮切诺）的圣萨尔瓦托雷教堂绘制，随后移至该地的圣保罗非主教教堂。1844年存入拉特兰美术馆，1909年存入梵蒂冈美术馆。

第101页

乔万尼·斯帕尼

耶稣降生与敬拜圣子

木板油画

225cm × 156cm

约1507年

1828年存入梵蒂冈，1833年成为美术馆藏品。

该画为弗拉塔·托蒂纳的斯皮内塔圣母改革次级教士修道院委托所作，亦称《斯皮内塔的圣母》。1813年，奥古斯丁·托法内利担任卡比托利欧博物馆馆长，逐渐丰富馆藏。

拉斐尔
圣母加冕
木板蛋彩画转至布面油画
272cm × 165cm
1502—1504年
祭坛画与基台，圣玛达莱娜·奥狄委托画家为佩鲁贾的普拉托圣弗朗切斯科教堂所作。1797年存入巴黎。1816年回归罗马，1820年成为美术馆展品。

第103页
拉斐尔
圣母加冕（局部）

拉斐尔
敬拜圣子（奥狄祭坛画基台部分）
木板蛋彩画
29cm × 150cm（整体）

第106—107页
拉斐尔
圣庙敬献（奥狄祭坛画基台部分）
木板蛋彩画
29cm × 150cm（整体）

拉斐尔
圣母领报（奥狄祭坛画）
木板蛋彩画
29cm × 150cm（整体）

拉斐尔
弗利诺圣母
木板蛋彩画转至布面油画
308cm × 198cm
1511—1512年
由西吉斯蒙多·德·孔蒂委托而作，委托人去世后，藏于阿拉科埃利教堂主祭坛。1565年，存入福利尼奥的孔特塞修道院的圣安娜教堂，1797年进入巴黎，1816年归还，1820年成为美术馆展品。

第111页
拉斐尔
弗利诺圣母（局部）

拉斐尔

信仰、希望与仁爱：信仰

木板蛋彩画

18cm × 44cm

约1507年

为《巴里奥尼祭坛画》基台部分。1506年，为佩鲁贾的普拉托·圣弗朗切斯科家族礼拜堂所作。描绘《耶稣下十字架》的中央画作藏于罗马博盖塞画廊，而描绘祈福圣父与天使的部分藏于翁布里亚国家画廊。基台画作于1797年存入巴黎，1816年归还罗马，1820年成为美术馆展品。

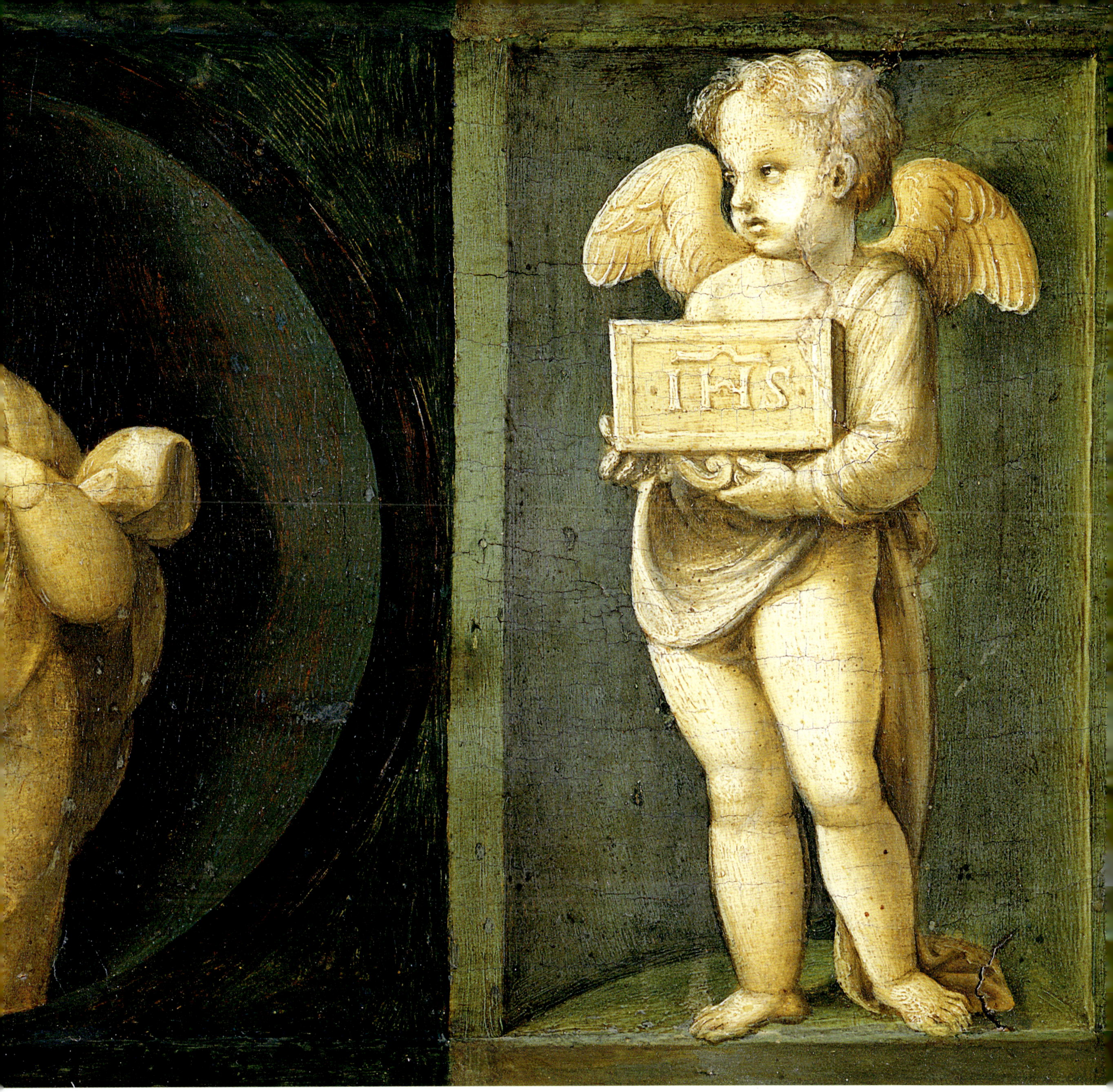
IHS

拉斐尔
信仰、希望与仁爱：希望

拉斐尔
信仰、希望与仁爱：仁爱

拉斐尔
圣容显现
木板蛋彩画
410cm × 279cm
约1516—1517年
大主教朱利奥·德·美第奇委托画家为圣朱斯托·迪·纳博讷大教堂所作。拉斐尔去世后，此画并未转移至法国，而是留在了文书院宫。1523年画作被放置于门托里奥的圣彼得教堂，1797年存入巴黎，1816年成为美术馆展品。

第118页
拉斐尔
圣容显现（局部）

乔万尼·贝里尼
耶稣圣殇
木板油画
107cm × 84cm
1473—1476年
或为贝里尼为佩萨罗的圣弗朗切斯科教堂主祭坛所作的祭坛画部分。1797年被法国人夺走，1816年归还至罗马，1820年成为美术馆展品。

第121页
乔万尼·贝里尼
耶稣圣殇（局部）

莱昂纳多·达·芬奇
圣哲罗姆
木板蛋彩画
102.8cm × 73.5cm
1482年
1803年6月17日，该画首次见于瑞士女画家安杰利卡·考夫曼的遗嘱中，为其所属藏品。画家死后，该画遗失，后由大主教约瑟夫·弗雷士藏于利奥内修道院中。据传，此画于1485年进行拍卖，由一位名为亚历桑德罗·阿杜奇的人购得，将该画作为女儿嫁与律师凯撒·兰奇安尼的嫁妆。该律师将其售予圣殇山教堂，1856年9月5日由梵蒂冈购得。

第122页
莱昂纳多·达·芬奇
圣哲罗姆（局部）

提香

圣母、圣婴与圣人（弗拉利·圣尼古拉的圣母）

木板油画（后转至布面油画）

270cm × 188cm

约1533—1535年

该画最初委托帕里斯·波尔多创作，随后于1519年改为委托提香。本为威尼斯弗拉里广场教堂圣尼古拉·德拉·拉图加祈祷室所作，由教皇克莱蒙特十四世为奎里纳尔宫购得。1798年存入巴黎，1816年归还至罗马，但缺失了末端描绘圣灵圣鸽的弧面窗。1820年成为美术馆藏品。

第125页

莫雷托·达·布雷西亚

圣母、圣婴、圣杰罗拉姆与圣巴托洛米奥

布面油画

186cm × 138cm

1550年

此画为艺术家晚期作品。约在1850年时成为皮亚琴察的科斯塔公爵收藏品，随后进入罗马古董市场。1898年由美术馆购得。

TITIANVS
FACIEBAT

保罗·委罗内塞
圣海伦纳异象
布面油画
166cm × 134cm
1575—1580年
此画为艺术家全盛时期作品。布局开阔，装饰细节考究。本为皮奥·迪·萨沃依藏品，随后由本内笃十四世于1750年为卡皮托利纳美术馆购得，1818年成为梵蒂冈藏品。

第127页
保罗·委罗内塞
圣海伦纳异象（局部）

帕里斯·波尔多
圣乔治杀龙
木板油画
290cm × 189cm
约1525年
此画为艺术家年轻时期作品。为诺阿莱（维琴察）的圣乔尔乔小型教会圣弗朗切斯科教堂所绘，该修道院出现在背景中。1769年，修道院被毁坏。该画随后进入威尼斯，1879年成为梵蒂冈藏品。

第129页
加拉法罗
圣母显现于奥古斯都与女先知面前
木板油画
143cm × 118cm
据传，在阿拉科埃利的圣母玛利亚教堂建立时，曾出现圣母显灵的奇迹。本内笃十四世于1750年为卡皮托利纳美术馆购得此画，1818年成为梵蒂冈藏品。

第130页
拉斐尔、朱利奥·罗马诺、乔万尼·弗朗切斯科·佩尼
圣母加冕(门特鲁切圣母)
木板油画
354cm × 232cm
拉斐尔并未完成此画，在其去世3年后，弟子们负责绘制此画，于1525年完成。该画本藏于佩鲁贾，1797年存入巴黎，1816年归还至罗马，1820年成为美术馆展品。

雅各布·祖齐
雪之奇迹
木板油画
171cm × 151cm
约1580年
《雪之奇迹》描述与大圣母教堂建立相关的圣母显灵奇迹。4世纪某一年的8月4日至5日夜晚，圣母出现在一对罗马贵族夫妇的梦中，于是他们决定将财产献给圣母，建筑以圣母命名的教堂。教皇利贝里奥与这对夫妻不谋而合，画作中他正在计算新教堂的周长。众人一同前往艾斯奎力诺山为教堂选址，其时正值盛夏，山上却白雪皑皑。

鲁多维科·卡拉奇
圣三位一体与耶稣逝世
布面油画
172.5cm × 126.5cm
约1590年

来源不明。1666—1669年，出现在一则财产清单中，属于大主教弗拉维奥·齐吉在罗马圣使徒广场宫中的财产，作为遗产赠予教皇依诺森十二世（1693年）。1790年由教皇庇护六世从梵蒂冈宫转移至美术馆中。

第133页
鲁多维科·卡拉奇
圣三位一体与耶稣逝世（局部）

吉洛拉姆·穆兹亚诺
圣哲罗姆
木板油画（后转至布面油画）
147cm × 98cm
约1585—1592年
鲁多维科·坎诺斯委托画家为梵蒂冈圣母玛利亚教堂中圣哲罗姆礼拜堂而作。

达尔皮诺骑士
圣母领报
布面油画
290cm × 184cm
1606年
原藏于拉特兰美术馆。画家曾负责大圣母教堂保利纳礼拜堂壁画相关工作（1610—1612年），壁画主要由齐格利、圭多·雷尼与乔万尼·巴里欧内完成，艺术家负责绘制了圆顶穹隅及弧面窗中的“先知”与祭坛柱上方的“圣卢卡”。

巴罗奇
圣母领报
木板油画（后转至布面油画）
248cm × 170cm
约1582—1583年
为洛雷托大教堂弗朗切斯科·玛利亚二世·德拉·罗维雷礼拜堂所绘。背景中出现乌尔比诺市道奇宫的外观。

第136页
巴罗奇
圣母领报（局部）

巴罗奇
埃及出逃后的休息
布面油画
133cm × 110cm
1570—1573年
局部亦称《樱桃圣母》，灵感源自科雷乔的《斯科德拉圣母》。这是艺术家晚期作品，其本人也曾绘制数幅临摹品。1790年成为梵蒂冈藏品。

第139页
巴罗奇
埃及出逃后的休息（局部）

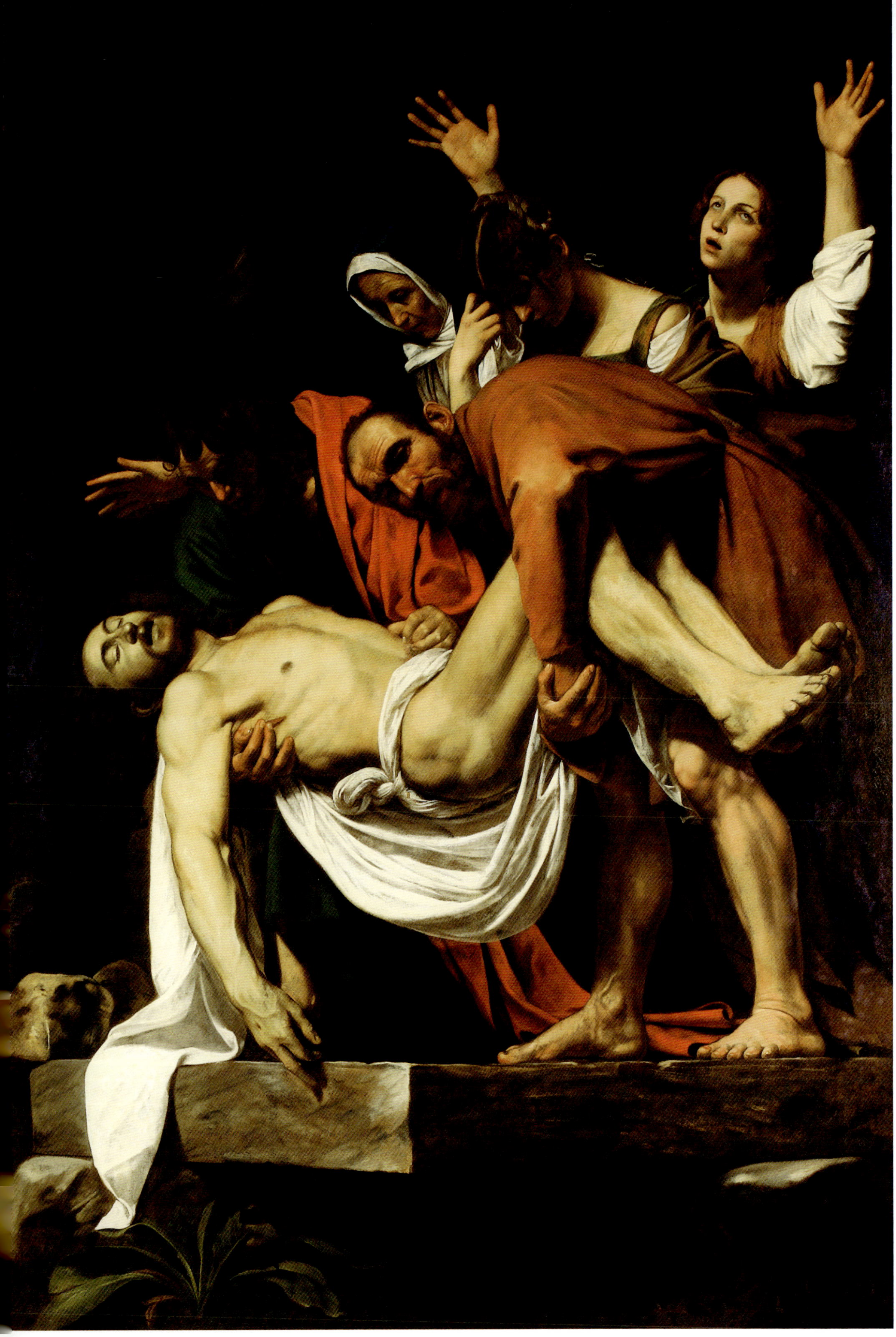

卡拉瓦乔
耶稣下十字架
布面油画
300cm × 203cm
1600—1604年
为罗马瓦利切拉圣母玛利亚教堂（新教堂）的吉洛拉姆·维特利切家族礼拜堂所绘。1797年，转移至巴黎。1816年归还至罗马，1820年由庇护七世迁移至美术馆中。

第141页
卡拉瓦乔
耶稣下十字架（局部）

圭多·雷尼

圣彼得被钉上十字架

木板油画

305cm×171cm

1604—1605年

大主教彼得·阿尔多布兰迪尼委托画家为三喷泉圣保罗教堂祭坛而作。18世纪转移至奎里纳尔宫，1790年由庇护六世迁至美术馆，1797年存入巴黎，1816年成为梵蒂冈美术馆藏品。

第143页

圭多·雷尼

圣母、圣婴、圣托马索与圣哲罗姆（奥利维里祭坛画）

布面油画

340cm×210cm

1634年

托马萨·格拉维利·奥利维里委托画家为佩萨罗大教堂家族礼拜堂祭坛而作。1797年转移至巴黎。1816年归还，存入梵蒂冈美术馆。据17—18世纪史料记载，此画本应具有描绘祈福圣父的波浪线脚，该波浪线脚应保存于迪吉奥内美术馆的某幅小型画作中。

第144页
圭尔奇诺
忏悔的玛达莱娜
布面油画
222cm × 200cm
1622年
为科尔索的孔维尔提特圣玛利亚·玛达莱娜教堂主祭坛而作。在拿破仑时代被毁。转移至奎里纳尔宫，随后由庇护七世迁移至美术馆。帕斯夸利尼在背面刻文，证实创作时间为1622年。

圭尔奇诺
圣托马索的怀疑
布面油画
120cm × 143cm
1787年存入奎里纳尔宫。1790年由庇护六世迁至美术馆。1797年转移至巴黎。1816年归还。1820年存入梵蒂冈美术馆。

多美尼基诺
圣哲罗姆与圣餐
布面油画
419cm × 256cm
由仁爱圣哲罗姆联合会委托画家为罗马同名教堂而作。灵感源自画家老师阿戈斯蒂诺·卡拉奇于1591—1592年为博洛尼亚的卡尔特修道院所作的类似画作。1797年被拿破仑军队夺走，存入巴黎，1816年归还后于1820年存入梵蒂冈美术馆。

第147页
多美尼基诺
圣哲罗姆与圣餐（局部）

尼古拉斯·普桑
圣伊拉斯谟殉难
布面油画
320cm × 186cm
1628—1629年
为圣彼得教堂十字形耳堂中祭坛画。最初委托彼得·达·科尔托纳完成，随后交由法国艺术家绘制。1739年存入奎里纳尔宫，1790年由庇护六世迁至美术馆，1797年转移至巴黎。1816年归还，1820年存入梵蒂冈美术馆。

安德烈·萨奇
圣罗穆阿尔多异象
布面油画
310cm×175cm
约1631年
为罗马圣罗穆阿尔多教堂（后被拆毁）的祭坛画。1797年转移至巴黎。1816年归还，存入梵蒂冈美术馆。

让・瓦伦汀
圣普洛切索与圣马尔提尼亚诺殉难
布面油画
302cm×192cm
最初委托彼得・达・科尔托纳负责，随后交由阿尔巴尼，最终由法国艺术家于1629年完成。此画为圣彼得教堂十字形耳堂中的祭坛画。1710年进入奎里纳尔宫，1797年转移至巴黎。1820年成为梵蒂冈美术馆藏品。

第151页
让・瓦伦汀
圣普洛切索与圣马尔提尼亚诺殉难（局部）

奥拉齐奥·真蒂莱斯基

朱迪斯与手持荷洛弗尼斯头颅的侍女

布面油画

123cm × 142cm

1611—1612年

1938年，阿涅斯·德·安杰利斯·甘玛雷利将此画赠予庇护十一世。据传，艺术家本人为该画绘制了6个版本。梵蒂冈版本创作时间为1611—1612年，与哈特福德沃的兹华斯美术馆（康涅狄格州）中所藏画作密切相关。

第154页
彼得·达·科尔托纳
大卫杀死雄狮
布面油画
125cm × 97cm

彼得·达·科尔托纳
大卫杀死巨人格利亚
布面油画
125cm × 97cm
同属于描述大卫生平故事的四幅系列画作，为科尔托纳于1625—1639年为大主教马尔切罗·撒凯蒂所建小松果别墅（已被毁）中壁画的临摹品。1748年，卡皮托利纳美术馆购得家族藏品，随后进入梵蒂冈美术馆，其余几幅作品则进入奎里纳尔宫（现仍藏于此）。最新研究表明，梵蒂冈画作为艺术家本人真迹，余者为画室所作。

圭多·雷尼
幸运女神被爱神拖住
布面油画
188cm × 155cm
约1623年
圭多·雷尼曾创作另一幅几乎一样的版本（现存于罗马圣卢卡学院）。1924年，卡斯特兰诺将画作赠予梵蒂冈美术馆。

第157页
圭多·雷尼
幸运女神被爱神拖住（局部）

尼古拉斯·普桑
杰德奥内战胜马蒂亚尼人
布面油画
98cm×137cm
1624—1625年
与画家为《旧约》中的另两次战役所绘画作密切相关：《杰德奥内战胜亚玛力人》（藏于圣彼得堡，冬宫博物馆）和《若苏厄战胜阿莫利提人》（藏于莫斯科，普希金博物馆）。本为撒凯蒂藏品，1748年由教皇本内笃十四世为卡比托利欧广场购得，随后转移至使徒宫。1959年成为美术馆藏品。

圭尔奇诺

小镇集市

布面蛋彩画

113cm × 180cm

之前被视为17世纪班彼得·范·托尔的追随者一派的作品。该流派指约1630—1650年活跃于罗马的流派画家，主要以市场、手工行业为创作题材，常以风景为背景。此画亦称《旧雷诺集市》，应由艺术史学家、画家及博洛尼亚美术学院教师圭尔奇诺所作。

第162页
安德烈·萨奇
圣菲力浦·内利封圣典礼时的瓦利切拉圣母玛利亚教堂（新教堂）内饰
布面油画
98cm × 74cm
1622年
本为卡洛·罗西神父藏品，作为遗产赠予神父菲力浦·米艾力，在后者逝世后（1917年）成为梵蒂冈藏品。

彼得·达·科尔托纳
圣弗朗切斯科异象
布面油画
227cm × 151cm
约1641年
是阿雷佐的圣母领报教堂蒙塔托礼拜堂祭坛画的小型复制品。原藏于甘道夫城堡的蓬迪费奇亚别墅，1932年成为梵蒂冈藏品。

乔万尼·博纳蒂（乔万尼诺·德尔·皮奥或菲拉雷西诺）
里纳尔多与阿尔米达道别
布面油画
235cm × 327cm
约1666年
1750年，本内笃十四世为卡皮托利纳美术馆购得此画，曾存放于卡比托利欧广场仓库。1818年，在圭尔奇诺创作的《圣佩特罗尼拉》存入卡皮托利纳美术馆后，该画也随之存入梵蒂冈。

第165页
巴齐奇亚
圣弗朗切斯科·萨维里奥异象
布面油画
64.5cm × 46cm
1675年
该画与奎里纳尔宫的圣安德烈教堂圣弗朗切斯科·萨维里奥礼拜堂中祭坛画有所关联，原为耶稣会士藏品。

第166页
彼得·纳瓦拉
古典元素与水果静物画
布面油画
135cm × 98cm
签名为缩写PN，源自梵蒂冈使徒宫

丹尼尔·西格斯与亨德里克·凡·巴伦
圣依纳爵花环
布面油画
120cm × 90cm
此画极有可能在1773年耶稣会解体后，由蒙特卡瓦洛的圣安德烈修道院之家转移至梵蒂冈，1790年存入庇护六世的美术馆。

天文观测

该系列画作为公爵路易齐·费尔迪南多·马尔西利于1711年委托而作。公爵将画作赠予克莱蒙特十一世，请求教皇资助其在博洛尼亚创建一座天文观测室。随后该画便留在梵蒂冈，或为装饰教皇府邸所用。20世纪初期存入甘道夫城堡中，1932年成为梵蒂冈展品。

多纳托·克雷蒂

太阳

布面油画

51cm × 34.8cm

多纳托·克雷蒂
月亮
布面油画
51cm × 35cm

多纳托·克雷蒂
水星
布面油画
50.6cm × 35cm

第171页
多纳托·克雷蒂
金星
布面油画
51cm × 35.2cm

多纳托·克雷蒂
火星
布面油画
51.2cm × 35cm

第173页
多纳托·克雷蒂
木星
布面油画
50.5cm × 35cm

多纳托·克雷蒂
土星
布面油画
50.8cm × 34.8cm

第175页
多纳托·克雷蒂
彗星
布面油画
51cm × 35cm

塞巴斯蒂亚诺·孔卡
耶稣下十字架
布面油画
63cm×47cm
1746年
本为费里艾力藏品，1912年存入美术馆。另有一幅与此类似的小铜版画，规格相同，附有签名（为米兰哲齐尼藏品）。

第177页
卡洛·马拉塔
克雷蒙特九世肖像画
布面油画
145cm×116cm
1669年
教皇高度欣赏画家为大主教雅各布·罗斯皮利奥西所绘的肖像画，故委托画家为自己绘制此画。本为家族藏品。由路易斯·门德尔松（底特律）购得，1931年将其赠予教皇十一世。

第178页
朱塞佩·玛利亚·克雷斯皮
本内笃十四世肖像画
布面油画
260cm × 180cm
约1740年
受大主教普罗斯佩罗·兰贝尔蒂尼及教皇本内笃十四世委托而作。

庞贝·巴托尼
庇护六世肖像画
布面油画
137.7cm × 98cm
1775年
1932年存入美术馆，最初藏于弗罗雷利亚使徒仓库中。此幅官方肖像画存在多件临摹品。完全相同的一件藏于罗马博物馆，教皇左手纸卷上写有“由庞贝·巴托尼1775年为教皇庇护六世所绘”。另一幅临摹品藏于都灵萨博达画廊，还有一幅藏于萨韦亚博物馆。

托马斯·劳伦斯

摄政亲王，未来英国国王乔治四世肖像画

布面油画

292cm × 204cm

1819年

摄政亲王，即未来的英国国王乔治四世委托艺术家绘制呈现维也纳大会主要参与者的系列画作，其中也应包括现任教皇的肖像画，画家劳伦斯因此前往罗马。或许在此期间，庇护七世曾请求艺术家以自己的肖像画交换一幅现任亲王的肖像画。于是画家为未来的英国国王创作此肖像画，画作以1817年完成的作品为灵感（该画现藏于都柏林，爱尔兰国家画廊）。乔治四世继位后，将此画赠予教皇庇护七世。原藏于拉特兰美术馆，1909年转移至梵蒂冈。

第181页

托马斯·劳伦斯

摄政亲王，未来英国国王乔治四世肖像画（局部）

温泽尔·彼得

亚当与夏娃走出人间乐园

布面油画

247cm×336cm

该画属于该奥地利画家的动物主题系列画作，由格里高利十六世于1831年为教皇尊贵府邸的孔西斯托罗大厅购得。

温泽尔·彼得
斑马与豹子争斗
布面油画
130cm × 138cm
由圣父图书馆迁移至梵蒂冈使徒宫中。

温泽尔·彼得

自画像

布面油画

75cm × 71cm

可能由格里高利十六世为使徒宫的私人图书馆购得。1928年12月24日，画作转移至梵蒂冈博物馆中。

安杰洛·比扎曼诺
圣乔治杀龙
木板蛋彩画
11.3cm × 9.3cm
画面中人物形象优雅，骏马灵动逼真。创作者为希腊艺术家安杰洛·比扎曼诺（克雷塔，1482—1539年），画作背面有署名。

切法罗尼亚学院

切法罗尼亚圣像壁

木板蛋彩画

513cm × 560cm

18世纪末—19世纪初

圣像壁是放置东正教宗教传统圣像的场所，观者一进入便可清晰地欣赏到基督教最具代表性的人物画像，如耶稣、圣母玛利亚与圣人等。木质壁墙宏伟优雅，整个木质结构庞大，以瑞士石松切割镶金制成。多个小梁柱划分出中心的皇家之门。两侧助祭之门中则交替出现四个空间，放置着规格更大的圣像。圣像壁的上方部分为一组重叠的装饰带，宝冠饰带中心绘制着一副十字架。

目前的圣像壁中汇集了与多个未完成结构相关的圣像及装饰品，在一个纯粹博物馆的环境中再现了东正教信徒在面对珍贵圣像壁时感受到的惊叹与惊奇。

尼可利纳礼拜堂

梵蒂冈博物馆中有一处独特之所，可让观者有身在别处之感——仿佛置身于佛罗伦萨的圣马可博物馆，而非罗马的使徒宫中，此奇异之所便是尼可利纳礼拜堂。礼拜堂得名于博学的人文主义者、语文学家、博物馆爱好者托马索·帕伦图切利，即教皇尼古拉五世。

圭多·迪·彼得为多米尼克教士，教名乔凡尼·达·菲耶索莱，但通常将其称为贝亚托·安杰利科。他于1448—1450年绘制了礼拜堂中的壁画。1450年，他在大理石地板上完成了堪称奇迹的镶嵌画。1450年是大赦年，如潮水般的朝圣者从意大利及世界各地涌入罗马，大量学者与艺术家也来到首都，其中包括让·富盖、罗吉尔·凡·德·韦登等。

1450年时，尼古拉五世已任教皇三年。尼古拉五世于1397年出生在萨尔扎纳，很快进入教会，开始了辉煌的教士生涯。他曾担任博洛尼亚大主教，也是英国、德国、那不勒斯与威尼斯的代理教皇，曾以极其重要的身份参与费拉拉大会，随后于佛罗伦萨（1439年）开启了拉丁教会与希腊教会短暂的统一时期。1449年，他当选教皇，成功地宣布终止此前已让基督教分裂多年的巴西雷亚大会。

这便是帕伦图切利教皇的政治履历，他锲而不舍地为维护罗马教会的权威与统一而奋斗，对贯穿意大利及整个欧洲的改革极为关注。

至于教皇的道德与人文素养，从博识的佛罗伦萨编辑维斯帕西亚诺·达·比斯提奇的描述中便可见一斑：“他常说，但凡得闲，他愿意为两件事花时间，一是读书，二是建筑。这便是他在位期间所做的两件事。”教皇与最重要的人文主义学者往来通信，传下友谊佳话，其中包括如博吉奥·布拉乔利尼、莱昂纳多·布鲁尼、卡洛·马尔苏皮尼、乔万尼·奥里斯帕等学者。尼古拉五世嗜书如命，他选购的大量书籍构成了梵蒂冈使徒图书馆核心区域。而他的另一个癖好，即建筑，则在以他命名的礼拜堂中得到了完美呈现，礼拜堂建在依诺森三世圣塔的第五层（依诺森三世在位时间为1198—1216年）。

尼古拉五世执掌教会伊始便将贝亚托·安杰利科召唤至罗马，委托其完成礼拜堂中的壁画，他对这位自己熟识且欣赏的画家展现了最大的信任。贝亚托·安杰利科并非只身一人完成尼可利纳礼拜堂的任务，他的合作者包括其最得意的弟子贝诺佐·格佐利。其他学徒也参与其中，他们的名字记载于罗马史料，如彼得·贾科莫·达·弗利、卡洛·迪·赛尔·拉扎罗·达·纳尔尼、贾科莫·安东尼·德·波利、乔万尼·安东尼·德拉·切卡·迪·穆杰罗等。

如果认为尼可利纳礼拜堂主要由画室学徒完成，大师仅偶尔零星参与，那便大错特错了。这名修士画家十分清楚为教皇创作意味着什么，尤其是为教皇尼古拉五世的私人礼拜堂创作。教皇博学多识，熟知微缩绘画，且深谙艺术之道。早在担任高级教士时，他便曾为好友佛罗伦萨大公柯西莫·德·美第奇在佛罗伦萨的圣马可教堂中那座富丽堂皇的图书馆择取希腊和拉丁科学著作。

尼可利纳礼拜堂是大师安杰利科的精神之家，保存着他最著名的杰作。可以想象，那位未来的教皇常会在安杰利科的佛罗伦萨壁画前驻足欣赏，惊叹不已，例如牧师会大厅中的《耶稣被钉上十字架》、著名的《阴影圣母》以及修士住所中的壁画。由此也不难理解为何教皇会委托画家为自己的礼拜堂绘制壁画（史料常将此礼拜堂形容为“宁静的”“隐秘的”“私密的”“日常的”）。

因此，安杰利科绝无可能有所保留，他必然会将自己毕生艺术精粹贡献给这项重要的工程。他赢得了教皇的信任和尊敬，而这对于信奉神圣生活的信徒来说，意味着至高无上的特殊精神内涵。他正为耶稣代理人及普天教会之首而创作，他将在此处进行日常的沉思与祈祷。这一切都可说明，无论画室其他学徒在尼可利纳礼拜堂中创作的数量多寡，安杰利科都是整个创作工程的主要负责人。壁画贯穿着他对艺术的整体理解，而在画作布局及那些被认为完全是由大师绘制的部分中甚至出现了某种风格的突破。因此完全可以说，这是一个“拉丁化”或“罗马化”的安杰利科——尽管他此前的佛罗伦萨画作大多形式严肃、构图古典，强调光辉色彩及细致的光学透视（部分受到皮耶罗·德拉·弗朗切斯卡或让·富盖的影响）。随后我们将详尽分析其壁画中最具深意的细节部分。

此外，有必要介绍礼拜堂中画作选择的原因及其具体象征意义。

尼可利纳礼拜堂规模较小，仅可容纳不到30人。刚一进入，观者便被玫瑰色、天蓝色和金黄色的宁静荣光所包裹。1995—1996年，卡洛·詹托马西与多纳特拉·扎利的精心修复令其肃穆高贵更为突出。

祭坛画本为安杰利科所作，但后期遗失，被乔尔乔·瓦萨里所绘《圣史蒂芬被处以石刑》代替。除此以外，所有我们能见到的壁画，从穹顶至窗户斜面，均由大师及其弟子们绘制（墙壁下层为印有教皇金色徽章的红色布料）。

穹顶绘有四名福音传道师，而靠近入口和祭坛的墙壁上则为教会的八名博学者（分别为圣波拿文都拉、圣奥古斯丁、圣安布罗乔、圣托马斯·阿奎纳、伟大者圣格里高利、伟大者圣莱昂、圣亚他那修与圣乔万尼·科里索斯托姆）。

画面主角为在位圣人及殉难者圣史蒂芬（1世纪）与圣洛伦佐（3世纪）。壁画场景取自《使徒行传》与《金色传说》，讲述了他们的生平及殉难。画作由上层弧面窗及中间部分隔开，右侧壁画刻画《圣史蒂芬于圣彼得手中接受副主祭之职》、《正在布施》（弧面窗中）及《圣洛伦佐由圣西斯托祝圣为副主祭》（下层区域中）。左侧壁画同样由弧面窗及中间区域分隔，分别描绘《圣洛伦佐被皇帝德西奥审问》《圣人殉难》。入口墙壁则绘制了《圣史蒂芬在最高议会中讲道及辩论》（弧面窗），下层为圣洛伦佐的两则生平故事，即《圣洛伦佐接受教皇圣西斯托所赠教会珍宝》《布施与穷人》。

画作讲述圣史蒂芬与圣洛伦佐的生平与殉难故事，画面整齐对称，互相呼应。二人均有雄辩之名，他们正对众布道，谴责犹太教最高议会及罗马皇帝。他们仁慈善良，乐于布施，帮扶穷人，将生命奉献给了最高的信仰。

教皇尼古拉五世因其雄辩之才而享誉天下，他甚至曾令庇护二世（恩尼亚·西尔维奥·皮可洛米尼）大为叹服。教皇同样因思想而闻名，圣史蒂芬与圣洛伦佐生平故事传递宗教美德，倡导神圣英雄主义，而此正为教皇举世皆知的品质。圣史蒂芬与圣洛伦佐的生平同时也是教会精神的再现：贫苦朴素、纯净仁慈、忠于教皇。这与尼古拉五世在罗马了解的俗世教堂迥异。

画作呈现贫穷但有德的教会，以纯洁仁慈为根基，信奉殉难精神（这便是圣史蒂芬与圣洛伦佐故事的训诫含义）。这也是博学及忠于教皇的教会（壁画中出现众多学者）。因此尼古拉五世以十字交叉钥匙作为其徽章并非偶然，徽章反复出现，如大理石地板，壁画中装饰部分等。这是尼古拉五世渴望已久的教会，而它的最终实现正是得益于安杰利科的独具匠心。他的壁画宏伟有序，辉煌智慧，弘扬德性之美。场景中人物均肃穆庄重，如在宝座上审判的皇帝德西奥，在最高议会中集结的犹太人，甚至那围绕在圣洛伦佐身旁，只为从他手中获取几枚硬币的穷人们都有静穆庄严之态。

画面中的建筑神圣宏阔，形式古典。迷人的古罗马风格在城墙中若隐若现，圣史蒂芬穿过城墙，被引导至殉难地。在圣洛伦佐仁慈场景背后的宏伟廊柱唤起关于古基督教那悠久的记忆，一方面体现“现代”理念，另一方面又令人联想到皮耶罗·德拉·弗朗切斯卡在佩鲁贾国家美术馆中绘制的《圣母领报》。同样的古罗马式肃穆感也出现在教皇西斯托为圣洛伦佐祝圣的画面中，20年之后，在使徒图书馆中声名大噪的梅洛佐将对此直接致敬。

可以说，引入梵蒂冈的佛罗伦萨文艺复兴风格在安杰利科画作中首次出现了古罗马倾向及永恒不朽的古典神圣感。安杰利科在尼可利纳礼拜堂中的壁画细节考究，强调阴影与光亮的柔和过渡，与勃艮第或弗兰芒风格类似。譬如说，随从交给圣洛伦佐打造成钱币并布施给穷人的银块闪耀着柔和的光芒，花园及亭子均笼罩于背景的太阳光中。与杨·凡·艾克和安东内罗·达·梅西纳作品相似，无限接近与无限遥远同时出现在画家那敏锐的眼睛中。

我们常将安杰利科视为描绘虔诚狂喜或尘世天堂的画家（其绰号正蕴含此基督教义），但他实为自然主义和人文主义透视艺术改革的先驱者，他密切关注布鲁内莱斯基、马萨乔、多纳泰罗、卢卡·德拉·罗比亚在佛罗伦萨主导的艺术创新。安杰利科是虔诚信徒，信仰坚定，神学知识丰富，勤勉学习，积极布道。正因如此，他才能让马萨乔的世俗人文主义笼罩上一层基督教的精神信仰之光。

但仍需强调，安杰利科的艺术改革不仅与佛罗伦萨的人文主义氛围契合，也与圣马可建筑者米凯罗佐、多米尼克·维尼哲亚诺及卢卡·德拉·罗比亚的创作并存。安杰利科从不倒退，亦不怀念新中世纪时期，他总是坚定不移地逐渐精进对文艺复兴准则的理解。

安杰利科那灿烂夺目的最后杰作（主要指尼可利纳礼拜堂）不仅令人联想到皮耶罗·德拉·弗朗切斯卡的现代作品，从某些层面来看，甚至可让人窥见50余年后拉斐尔在西斯廷中实现的艺术改革，即将宗教教义和理性思维联结，完美融合平和审美的满足感与至高的宣传效果。

贝亚托·安杰利科与画室
四名福音使者
1448—1450年
壁画
穹顶

贝亚托·安杰利科与画室
圣史蒂芬于圣彼得手中接受副主祭之职，正在布施
1448—1450年
壁画
右侧墙面，弧面窗

贝亚托·安杰利科与画室
圣洛伦佐由圣西斯托祝圣为副主祭
1448—1450年
壁画
右侧墙面，中间区域

贝亚托·安杰利科与画室
圣史蒂芬被处以石刑
1448—1450年
壁画
左侧墙面，弧面窗

第202—203页
贝亚托·安杰利科与画室
圣史蒂芬被处以石刑（局部）

贝亚托·安杰利科与画室
圣洛伦佐被皇帝德西奥审问，圣人殉难
1448—1450年
壁画
左侧墙面，中间区域

STEPHANVS

第190—191页
贝亚托·安杰利科与画室
圣史蒂芬在最高议会中讲道及辩论（局部）

贝亚托·安杰利科与画室
圣史蒂芬在最高议会中讲道及辩论
1448—1450年
壁画
入口墙面，弧面窗

贝亚托·安杰利科与画室

圣洛伦佐接受教会所赠珍宝，布施与穷人

1448—1450年

壁画

入口墙面，中间区域

乔尔乔·瓦萨里
圣史蒂芬被处以石刑
1571年
木板油画
300cm × 163cm
祭坛墙面

第211页
乔尔乔·瓦萨里
圣史蒂芬被处以石刑（局部）

波吉亚寓所

15世纪末期，罗马人在机缘巧合中无意间发现了尼禄皇帝的华丽金宫中的地下房间。借着火把的微光，穿过危险的地道，闻着潮湿的味道，扒开松散的土壤，装饰着精美画作的古典屋顶出现在世人面前。画面中充斥着大烛台、丰饶角、狮身人面像、交织的怪兽、面具、全副盔甲、花纹图饰等形象，那是浮雕，是金色、红色、绿色、天蓝色的色彩。多年不见光日，反而令画作新鲜如初。因其位于罗马帝皇时期的岩洞中，人们将其称为“怪诞画”（本义为“岩洞”）。

“怪诞”岩洞画作顷刻间引发热潮，成为众人追捧的狂热风尚。艺术家从意大利各个角落蜂拥而至，他们细致研究，将其临摹在笔记本中，以便立即查阅。这群年轻艺术家暂时变成了考古学家，展开了一场刺激但愉悦的游历（被称为“岩洞俱乐部”）。

15世纪末期一位匿名诗人如此描绘它（此诗应会得到现代诗人皮埃·保罗·帕索里尼的赞赏）：

每个季节都挤满了画家，
我们匍匐进入岩洞，
带着面包、火腿、苹果和葡萄酒，
我们应比那岩洞画更为怪诞。
向导是品兹诺大师。
我们的面庞和眼睛被弄脏了，
变成了烟囱清扫员，
我们隐约瞥见蟾蜍和青蛙，
猫头鹰、仓鸮与山蝠，
正在击打着我们的背脊。

贝纳尔迪诺·迪·贝托必然是最早让品兹诺大师带领，满载食物和绘画材料参观岩洞的画家之一。他身材矮小，举止粗鲁，世人称其为平托瑞丘，暗讽其为蹩脚画家。但或许正是因身材小巧，他才比常人更为敏捷，可钻进缝隙，在狭窄的巷道中游刃有余。

即使平托瑞丘不是第一位，但也应是首批让世人知晓罗马帝国时期画作风格的画家之一。他在1479年为波波洛圣母大教堂圣哲罗姆礼拜堂绘制作品时，便出现了最早的怪诞画作。

佩鲁贾人平托瑞丘是发型师之子。正是在他及两名博学大主教（委托人为西斯托四世孙子克里斯托福罗和多米尼克·德拉·罗维雷）的努力下，古典艺术才从被遗忘的尘土中浮出，成为一座罗马式基督教堂中画作的主题。迈入波波洛圣母大教堂，在罗维雷礼拜堂前停留，便可欣赏到《圣子降生》，这是最典型，也最著名的基督教画作意象。画面环绕着装饰边框，与1400年前尼禄在其华丽金宫中欣赏的那幅壁画如出一辙。

我们无法在罗马找到比这更能代表基督教伟大文化融合古典文明的范例了，此时正是西斯托四世在位期间，他高屋建瓴地推广了基督教文化。而这极具历史意义的时刻正是在平托瑞丘的协助下完成的，他也是当之无愧的文艺复兴绘画领先者。

事实上，平托瑞丘并不受评论界待见，乔尔乔·瓦萨里是始作俑者，他在《艺苑名人传》中对其有过极其贬抑的评价："他名不副实。"创作波吉亚寓所画作后，他再度批判平托瑞丘："以镶金浮雕来装饰自己的画作，取悦那些不懂艺术的外行人，好让自己的画作更荣耀，这真是滑稽至极。"不久后，贝尔纳多·贝伦森谴责平托瑞丘为粗俗大众调制"大杂烩"，而伦吉则讥讽他迎合西班牙教皇的口味。

平托瑞丘意图在教皇府邸中还原罗马皇宫金碧辉煌及富丽堂皇的色彩天堂。但瓦萨里，甚至20世纪的史学家们对此都无法理解和欣赏。不过，瓦萨里本就不欣赏文艺复兴时期的翁布里亚画家。他对平托瑞丘和彼得·佩鲁吉诺的传记描述可谓恶意满满。瓦萨里声称佩鲁吉诺只会剽窃自己，持续使用同一批草稿，并说佩鲁吉诺略通绘画，是因其在佛罗伦萨的韦罗基奥画室接受过熏陶。此外，瓦萨里还讽刺他为贪婪物质之人，唾骂他为无神论者，信奉金钱至上论。但此类恶评自有根源，因为瓦萨里无法接受翁布里亚画家在意大利赢得的声望，更无法容忍翁布里亚在15—16世纪期间超越罗马，遑论佛罗伦萨。瓦萨里被迫咬牙承认那些非佛罗伦萨甚至非托斯卡纳人的艺术家们具有极高的文化地位，但他骨子里信奉以佛罗伦萨为中心的艺术理论，自然内心愤懑。这才是他在《艺苑名人传》中集体贬损15世纪翁布里亚大师们的原因。

平托瑞丘在梵蒂冈大受赞赏，他曾为西斯托·德拉·罗维雷四世、依诺森·赛博八世、亚历桑德罗·波吉亚六世这三任教皇服务。即使无史料佐证，但他或于1481—1483年和佩鲁吉诺合作，参与西斯廷礼拜堂创作。1490年，他负责装饰大主教多米尼克·德拉·罗维雷府邸（如今被称为佩尼腾兹艾力宫）。

15世纪80年代末期，依诺森八世决定委托画家为自己在贝尔维德雷山丘上建造的别墅绘制壁画，负责人正是平托瑞丘与安德烈亚·曼特尼亚，二人于1488—1489年离开弗朗切斯科·贡萨加的曼托瓦宫廷，前往罗马为教皇服务。

别墅又名"贝尔维德雷之家"，克莱蒙特十四世和庇护六世在位期间均对其进行了改造，合并至庇护·克雷门蒂诺博物馆的古典藏品中。曼特尼亚绘制的小礼拜堂被摧毁，而平托瑞丘装饰的画作如今也仅剩下零星几个描绘爱神、音乐家和哲学家的弧面窗。17世纪末期，贾钦托·费拉利和克里斯托福罗·翁特伯格重新绘制了天花板怪诞画作的部分。

1628年，在乌尔班八世授意下，亚历桑德罗六世在圣天使堡府邸中的壁画被全部清除。要知道塔顶拱廊中有多少代表那段珍贵历史的著名人物！瓦萨里曾如此记载："（平托瑞丘）曾为天主教女王伊莎贝拉、皮蒂里亚诺公爵尼古洛·奥尔西诺、贾科莫·特里武齐奥，尤其是凯撒·波吉亚、他的兄弟与姐妹们和其他同时代的名人贵族们绘制肖像画。"似乎画面中还有法国国王查理八世，他于1495年1月抵达罗马，与教皇会面。亚历桑德罗六世对平托瑞丘的画作甚为满意，甚至让画家享有自己在朱斯地区附近部分庄园的收益长达29年。

人们不禁会问，平托瑞丘究竟为何能于15世纪末期受到三任教皇教廷的欢迎？幸运的原因固然在于他那迷人优雅，但同时又不失富贵的绘画风格。他是大胆前卫的，以古典人文主义为绘画原本。但我认为，他足够机智敏锐，且不乏投机精神，极力满足委托者的期待。他具备令人惊叹的组织及创作才能，可在极其短暂的时间内完成复杂的画作。

平托瑞丘还是一名优秀的企业家，总能以自己的方式吸引并集结大批风格迥异的画家。其中部分画家曾在创作中（波波洛圣母大教堂、梵蒂冈等）留下自己的名字（如皮耶罗·德拉·弗朗切斯卡·马泰·达梅里亚、巴托洛米奥·迪·乔万尼、帕斯图拉、帕奇亚罗托等），但至今仍有部分画家湮没无名，即便近期经验丰富的专业批评家（如彼得·斯卡尔佩里尼、玛利亚·丽塔·西尔维斯特雷利、克劳迪娅·拉·马尔法）也无法解读出他们的姓名。也只有拉斐尔，在数年后才展现出可与平托瑞丘比肩的杰出组织能力。

梵蒂冈的波吉亚寓所是平托瑞丘的杰作。可以确定，府邸在不到两年的时间中便已完成。1492年8月，创作团队在亚历桑德罗六世选举成功后迅速抵达，建成时间必然为1494年末，因为1495年1月初，教皇便在其恢宏的宫邸中接见了法国国王查理八世。波吉亚逝世后，继任者朱利奥二世不愿居住在旧府邸中，他极其憎恨波吉亚，甚至夸张地讥讽他为"做过割礼的犹太叛徒"。因此，他命令建筑师布拉曼特为自己在上层楼中设计府邸，委托索多玛和年轻的拉斐尔进行装饰。继任教皇不喜欢平托瑞丘，更不喜欢他的委托者，正是历史的偶然，我们才得以见证《雅典学院》和埃利奥多罗厅的诞生。

进入波吉亚寓所，便意味着走进了天文学、象征学和纹章学的世界，走进文化及宗教的熔炉中。这里有最引人入胜的绘画形象，最五彩缤纷的色彩，有你可以想象的一切。

女先知展厅的主题为“等待耶稣”，弧面窗中绘制了先知与女先知们。人的时间由具有星象含义的行星主宰，而救世主的牺牲则由古典神话中的祭祀象征，画家将此系列画作分布于穹顶边缘的八个圆框中。在位教皇的荣光则由象征天文学符号的八角形暗示，画面中遍布各种纹章和象征符号，阿拉戈纳皇冠与火焰般闪耀的光线反复出现。穹顶绘制了数不胜数的故事，满布装饰形象，金光闪闪，色彩丰富，仿如一张巨型书页，向观者沉沉压来。

可以想象到查理八世于 1495 年 1 月初进入教皇府邸时体会到的惊奇与激动。此时石灰仍未干，依稀可闻见油漆和颜料的味道，地板上铺满瓦伦西亚石灰岩，熠熠生辉，反射出教会荣光。国王及随同而来的文人和教士们会认为这便是尼禄的华丽金宫，它已从时光封印中苏醒，罗马教皇是合法的继承者，沿袭了那最富丽堂皇，雍容华贵的罗马风格。

但教皇的最主要身份仍是耶稣继承者，是正统教派的守护者，是那承载着整个基督教会基石的捍卫者，这一切都呈现在信经展厅中。12 个沿着墙壁上方分布的弧面窗中绘制了使徒与先知。二者均手托纸卷，分别写有《信经》中的诗句，或为评论及前缀。圣彼得正宣布《信经》的开篇（“我信仰上帝，那世间天地生灵的造物主，那无所不能之父”），使徒和先知根据所信仰的神学准则排列。穹顶中央为教皇波吉亚徽章。时间为 1494 年。

下一间大厅为七艺展厅，全然呈世俗化的形象。此应为教皇学习和执行教会最高法律的场所。弧面窗中绘制着“艺术”的象征（语法、辩证学、修辞学、几何学、算数、音乐、天文学，其中天文学占据了双倍空间）。穹顶中央为“正义”（所有人类的最高启示者及协调者），身旁为波吉亚徽章中的白色公牛。中央廊拱旁排布着多幅画作，讲述弘扬美德的故事，分别为《亚伯拉罕与三名天使》《雅各与拉巴诺位于“正义”前》《图拉真的正义》《以正义补偿》。

自由艺术仍以传统形象被描述，画面中与特定学科相关的人物坐在宝座中，身旁由古典及现代人物守护。如描绘“音乐”艺术的画作中那名身着红衣的年轻演奏家，正在神话人物图巴尔卡因身旁演奏小提琴，他应为当时知名的作曲家和诗人斯特法诺·阿奎拉诺，也是平托瑞丘的挚友。

表现“算术”的画作中那在队列中的金发美男应为皮科·德拉·米兰多拉，而体现“修辞学”的画作中，宝座旁那身披长袍者应为著名的使徒图书馆守护人——拉丁学者保罗·科尔特西。

任何走进波吉亚寓所的人都无法忽略波吉亚教皇的肖像画。教皇跪拜着，权杖放置在脚旁，正崇敬地凝视着耶稣的“复活”。这是一幅栩栩如生的肖像画，极具弗兰芒伟大风格，也是一幅还原心理活动的杰作。教皇的无袖长袍镶嵌着金色贴片，仿佛一副守卫教皇角色神圣性的盔甲，教皇正在聚精会神地凝视与思考。信仰隐秘展厅中为画作《圣母领报》《圣子降生》《敬拜圣子》《耶稣复活》《耶稣升天》《圣神下降》《圣母升天》，象征世俗的公牛和皇冠分布在画面中。

教皇画像为平托瑞丘本人创作（后方场景装饰绝大部分为画室所作），画面描绘了盛大奢华的场景，观者被教皇的名字和家族徽章包裹，传达出明显信息，即教皇的真诚信仰与坚定意念，他意识到自己的职责和命运所在。这幅传递惊诧、过度与夸张的画作表现了教皇对生命、权力、艺术和文化的期盼与渴望。

教皇波吉亚热爱数字、象征和符号，他热衷于探索纹章学与神话学，着迷于研究诸神族谱、异域传说和神秘信仰，这一切都以一种显而易见的方式出现在这个波吉亚寓所最独特的大厅中。此厅名为圣人厅，其中描绘的圣人正是亚历山德里亚的圣卡特琳娜、圣塞巴斯蒂亚诺、 圣芭芭拉、 修士圣安东尼和隐士圣保罗。其他两个场景描绘了圣苏珊娜、老者和“圣子敬献”，他们完成了犹太至基督教的形象序列转换。但中央拱廊的五个八角形画框和在天花板八个圆拱中的主角则为古典神话人物，画家以一种极其罕见的怪诞的方式融合了奥维德《变形记》和埃及神话（经由阿普列乌斯和迪奥多罗·西库罗传播至欧洲）。

美术史学家撒克尔曾对此有过解读（《形象史》，1990 年）：宙斯爱慕着仙女伊西斯，忌妒的赫拉将其变成母牛。伊西斯成为异域文明的守护者，被描绘成伊赛德女神，她位于宝座上，处在艾尔梅尔·特里斯梅吉斯托与摩西之间。她嫁给了仁慈之神奥西里斯，而奥西里斯不幸被兄弟提弗内（塞特）杀害并撕碎，化身为公牛阿比斯。阿比斯也随即成为献祭之神的鼻祖，因此波吉亚徽章中的公牛含义深远。著有《古史》的人文主义学者安尼奥·达·维特尔波应是此绘画工程的规划者，他将神秘异教与古典神话融合，不遗余力地歌颂教皇亚历桑德罗六世的荣耀家族。

画面中遍布古典建筑。君士坦丁凯旋门成为“亚历山德里亚的圣卡特琳娜圣事争论”故事发生的背景；“圣塞巴斯蒂亚诺殉难故事”则与斗兽场遥相呼应；天花板上埃及场景中，切斯提亚金字塔则是奥利西德的坟冢。

瓦萨里抨击波吉亚寓所装饰中的“镶金浮雕”，将其贬为一种真正的异教透视学，因这种方式让“那些正在消散的物体更靠前，而那些肉眼所见正在增加的物体反而更靠后”。他固然说得在理，但他并未明白，其实是自己不愿意承认平托瑞丘的创新之举。画家创造出一种全新的风格，一种刻意反透视学的风格，体现在浮夸的装饰、过度的色彩、形象和故事的叠加中。这是古典的现代化阐释，恢宏但又细腻。

我们无从得知，平托瑞丘如何在不到两年的时间内完成如此浩大的工程。他的合作者数量众多，组织极其有效，他们创作速度快，风格混合，并不连贯。如今正在进行的修复工作表明，波吉亚寓所中画作仅部分为壁画。平托瑞丘与他的合作者们以一种在版画底板中实践过的方式开始壁画准备工作，他们采用金色笔触，以数以万计的镶金蜡制纽扣创作。他们随后还运用透明的油漆与颜料，营造一种晶莹闪亮的光泽感。这便是它们能够震慑法国国王查理八世的原因，而后人亦只能遥想当年的景象。

女先知展厅

第212—213页
平托瑞丘
穹顶（纹章）
七艺展厅

平托瑞丘与画室
穹顶绘画
1492—1494年
壁画与金色石膏

平托瑞丘与画室

阿莫斯与爱罗佩奥

1492—1494年

壁画

弧面窗

平托瑞丘与画室
巴鲁克与萨米亚
1492—1494年
壁画
弧面窗

平托瑞丘与画室
伊艾雷米亚斯与阿格里帕
1492—1494年
壁画
弧面窗

平托瑞丘与画室
奥赛与德尔菲加
1492—1494年
壁画
弧面窗

信经展厅

平托瑞丘与画室
穹顶绘画
1492—1494年
壁画与金色石膏

ALEXANDER
BORGIA VALENTIN
PP VI FVNDAVIT

平托瑞丘与画室
菲力浦与马拉齐亚
1492—1494年
壁画
弧面窗

平托瑞丘与画室
巴托洛米奥与岳厄尔
1492—1494年
壁画
弧面窗

平托瑞丘与画室

彼得与杰雷米亚

1492—1494年

壁画

弧面窗

平托瑞丘与画室
托马索与丹尼埃尔
1492—1494年
壁画
弧面窗

七艺展厅等

平托瑞丘与画室
音乐
1492—1494年
壁画
蜂蜡与金色石膏
弧面窗

MVSICA

平托瑞丘与画室
修辞学
1492—1494年
壁画
蜂蜡与金色石膏
弧面窗

平托瑞丘与画室
语法学
1492—1494年
壁画
蜂蜡与金色石膏
弧面窗

平托瑞丘与画室
天文学
1492—1494年
壁画
蜂蜡与金色石膏
弧面窗

第237页
平托瑞丘与画室
天文学（局部）

平托瑞丘与画室
辩证学
1492—1494年
壁画
蜂蜡与金色石膏
弧面窗

平托瑞丘与画室
算术
1492—1494年
壁画
蜂蜡与金色石膏
弧面窗

平托瑞丘
几何学
1492—1494年
壁画
蜂蜡与金色石膏
弧面窗

第241页
平托瑞丘
几何学（局部）

平托瑞丘与画室
圣神下降
1492—1494年
壁画
蜂蜡与金色石膏
信仰隐秘展厅，弧面窗

平托瑞丘与画室
敬拜圣子
1492—1494年
壁画
蜂蜡与金色石膏
信仰隐秘展厅，弧面窗

第244页
平托瑞丘与画室
耶稣复活（局部）

平托瑞丘与画室
耶稣复活
1492—1494年
壁画
蜂蜡与金色石膏
信仰隐秘展厅，弧面窗

平托瑞丘与画室
耶稣升天
1492—1494年
壁画
蜂蜡与金色石膏
信仰隐秘展厅，弧面窗

第248页
平托瑞丘与画室
圣母升天
1492—1494年
壁画
蜂蜡与金色石膏
信仰隐秘展厅，弧面窗

平托瑞丘与画室
圣母领报
1492—1494年
壁画
蜂蜡与金色石膏
信仰隐秘展厅，弧面窗

第250—251页
平托瑞丘与画室
圣母领报（局部）

平托瑞丘与画室
圣子降生
1492—1494年
壁画
蜂蜡与金色石膏
信仰隐秘展厅，弧面窗

乔万尼·迪·乌迪内与佩林·德尔·瓦
穹顶绘画
1500—1525年
壁画与石膏

拉斐尔展厅

1509年1月13日，拉斐尔从教廷财政处获得一笔“为中间房间绘画的定金款项”。被委托的工作虽刚启动，但已足以让委托人获得较佳预期，这种情况下会支付定金。我们可猜测，1509年1月，《圣事争论》（签字厅的整个绘画工程始于此）壁画应部分已完成。这意味着拉斐尔应于1508年夏天便已开始绘制教皇房间，此时空气依然干燥，气候条件利于壁画创作。

出于憎恶，教皇朱利奥二世无法接受居住在前任亚历桑德罗·波吉亚六世的房间中，他希望拥有一个全新的府邸，于是他在尼古拉五世建筑的房间中挑选，委托拉斐尔进行装饰。将如此重要的任务交给一名太过年轻，经验尚且不足的艺术家，这难道是教皇的冒失之举吗？

当然不是。在罗马与佛罗伦萨，这位天赋异禀的年轻人早已家喻户晓，是当之无愧的世纪明星。拉斐尔虽然十分年轻，但已成名多年。他在佛罗伦萨完成了一系列令人叹为观止的杰作（如藏于乌菲齐美术馆的《金翅雀圣母》、藏于帕拉提那美术馆的《大公圣母》及两幅《多尼》肖像画等），早已让整个托斯卡纳首府艺术圈瞠目结舌。这一时期的拉斐尔已具备深厚的绘画艺术素养，他的艺术学识源自乌尔比诺（他曾接受弗兰芒画派和大公宫廷中优雅的人文主义氛围的熏陶，深谙劳拉纳和皮耶罗·德拉·弗朗切斯卡那明亮简洁的艺术风格）。他曾师从彼得·佩鲁吉诺，恩师的印记常出现在拉斐尔画作中，节奏和谐，形式优美，经过柔和处理。他的艺术之路于1504—1508年在佛罗伦萨成熟。在佛罗伦萨停留期间，他主要研究达·芬奇、年轻时期的米开朗琪罗、修士巴托洛米奥和马里奥托·阿尔贝提内利等大师的画作，同时也留意托斯卡纳新近出现的艺术家，包括卢卡·德拉·罗比亚、韦罗基奥、多纳泰罗、南尼·迪·班科、贝亚托·安杰利科、马萨乔等。

乔尔乔·瓦萨里曾这样赞叹拉斐尔的惊人才华：“他热衷于研究前辈大师，也学习现代艺术家。他汲取前人精华，丰富绘画艺术，实现了那种出现在阿佩莱斯与宙克西斯中的完美。”拉斐尔整合并重新阐释了当时的绘画，他汲取一切，革新并转变一切，从历史中吸收经验，改革并凝聚前人绘画技巧，以一种绝对的自然来成就属于自己的形式，这便是他的魅力所在。因此，数代批评家与艺术家都将其奉为“神”。

我们自然会提出另一个问题。倘若没有罗马的朱利奥二世、莱昂·美第奇十世、阿戈斯蒂诺·齐吉、多纳托·布拉曼特和米开朗琪罗，倘若没有拉奥孔、斗兽场，没有《贝尔维德雷的阿波罗》，没有整个古典时期那令人敬服和震惊的辉煌遗迹，拉斐尔是否还会成长为如今的艺术大师？我认为答案是否定的。拉斐尔在罗马接受了文化洗礼，找到了适合自己才能发展的道路，他也遇见了能让自己天赋完全施展的教皇朱利奥·德拉·罗维雷二世。众所周知，拉斐尔的一生十分短暂，1520年4月6日，他死于一场“持续而严重”的发热，年仅37岁。或许他早就意识到了自己的宿命，在那短暂的青春年华中，他无比繁忙，广获成功。他被众多助手环绕（其工作坊为文艺复兴时期最后的伟大艺术画室），当选为“古罗马艺术守护者”（1516年）。权贵名流的委托纷至沓来，他成为大型项目的协调组织者，果决干脆地控制整个规划与流程。他擅长考古学与建筑学，主导长廊工程（由其弟子们在1519年前完成），监督执行梵蒂冈挂毯装饰项目（1515—1519年）。拉斐尔为同时代人贡献出伟大的理念和创作灵感，对未来后世也产生巨大影响，他的精神在阿尼巴尔·卡拉齐、圭多·雷尼、普桑、大卫、安格尔、卡诺瓦，甚至毕加索等数代大师中得到传承。时至今日，当一名艺术家以愉悦、秩序与荣耀的方式描绘世界时，他仍是在承继拉斐尔的宝贵精神。

诗人彼得·本博在拉斐尔位于罗马万神庙的坟冢旁曾创作过一首拉丁双行诗，对“普世画家”拉斐尔致以最高的敬意。大理石棺木上雕刻的墓志铭为：“当他在世时，我害怕被击败；当他逝世时，我害怕死亡。”这是对拉斐尔宏伟一生最好的描述。

艺术史中有些史料应让所有人铭记，如正是在1508年，一位热衷于政治与战争，似乎并不热爱绘画的罗马教皇让一名年仅25岁的小伙子——乌尔比诺的拉斐尔·桑西负责装饰使徒宫中的房间，让一个33岁的青年人——米开朗琪罗·博纳洛蒂装饰西斯廷穹顶。这两位艺术家为同一位委托者，在相同地点、相同岁月中开展工作，彼此相距不远。他们的生命轨迹与职业经验有着吻合重叠之处，互相映照，彼此借鉴。梵蒂冈房间与西斯廷穹顶的诞生标志着数千年以来的艺术正在发生历史性的巨大转折。

拉斐尔完成教皇朱利奥二世房间绘画后，开始进行签字厅的装饰工作。该厅之所以命名为“签字厅”，是因1541年教会法庭曾设于此。

实际上，此房间本应为教皇的私人图书馆，或至少应以图书馆功能而设计。壁画按学科主题分布（神学、哲学、美学与法律学），可猜测厅内原本分别放置着与该学科对应书籍的书架。

拉斐尔于1508年夏天开始工作。正如人文主义学者、拉斐尔保护者和好友，也是其最早的传记作家保罗·乔维奥所述，拉斐尔应在教皇直接指示下进行绘画。毫无疑问，整体设置与规划应出自朱利奥二世。但我们可合理猜测，教皇在确定总体规划和描绘主题后，授意让画家与教廷优秀神学家及文人学者们自由商讨交流。据窗户叶框上标记的工程结束时间来看，签字厅的工程于1511年完成。在拉斐尔进入之前，早在1507年，画家索多玛便已开始在此创作，他负责穹顶复杂的装饰工程，中央为尼古拉五世徽章。此前，索多玛已完成绝大部分，而年轻的拉斐尔取代其位置后，仍保留了前辈同行的大部分绘画。我倾向于在《雅典学院》中，拉斐尔自画像旁应为索多玛。这再一次印证了拉斐尔尊长友善的个性，这也是其同时代人争相传颂的优秀品质。

签字厅房间相对来说规模较小，地板中心镶嵌着古典风格的多彩大理石。拉斐尔以前所未有的惊人方式将人类命运通过画作展现在观者眼前。他匠心独运，将宇宙深邃思想传达出来，这是前无古人的创世之举。他展示出柏拉图哲学的系统传承，描绘出西方文化和罗马教会的辉煌时刻。

想要充分赏析签字厅，首先须了解当时整个绘画系统的总体理念，概括来说，即每个生者在世时的首要义务便是学习知识。人之所以成为人，是因为他愿意理解事物背后的原因，愿意认识推动整个世界的原因，这便是《雅典学院》的宗旨。《雅典学院》的画面背景的恢宏建筑让人联想到多纳托·布拉曼特在圣彼得新大教堂规划中秉持的理念，而朱利奥二世在此期间，已经开始动工修建（奠基石设立时间为1506年）。画面中，古典智者以各种姿态云集，或成群，或孤立，主要人物为哲学家柏拉图与亚里士多德。柏拉图右手指向天空，象征着理念摹本与理念原型的宇宙；亚里士多德手掌下压，与地面平行，暗指实验研究方式的具体性。穹顶上方女性人物代表“哲学”，与《雅典学院》相呼应。其中的铭文为“原因的认识”，这是人类认识的首要目的，即理解并掌握事物的原因。

从柏拉图（代表理念哲学）和亚里士多德（代表实证哲学）后发展出不同的哲学流派，在此学院中集结的伟大人物代表着世间智慧与知识。画面中，苏格拉底正在与其弟子阿尔西比亚德斯讨论，弟子姿态优美，意气方遒。伊壁鸠鲁头戴葡萄叶，正兴致盎然地阅读书籍，似乎将其关于愉悦的理论付诸实践。信奉虚无主义的犬儒学者第欧根尼半裸身子，独自位于台阶上，对周遭一切毫无兴趣。第一层中间为毕达哥拉斯，正在对少数弟子教授算术与音乐理论课程。弟子中有戴着头巾的穆斯林伊本·鲁世德，他头偏向一旁，正专注地观看大师演算的公式。伟大的几何学家欧几里得正在展示一个理论演算。他身子前倾，黑板位于地板上，以圆规辅助算式。通常认为拉斐尔在此描绘的应是好友亲属、邻里同乡，也是自己在教廷中最主要的保护者多纳托·布拉曼特的外貌。画面右侧为研究天空与地球的科学家，琐罗亚斯德手执宇宙球体，托勒密则携带地球球体。

后人通常将画面中的赫拉克利特视为“孤独思考者”。他端坐一旁，左臂支撑脸颊，沉浸在自己的思考中，似乎与外界全然隔离，正在一块大理石上写写画画。此孤僻高傲，但略显暴躁的形象应是致敬同时在绘制西斯廷穹顶的米开朗琪罗。20 世纪，德奥克雷西奥·雷迪格·坎波斯的修复考据表明，此处的部分壁画应于壁画规划结束后完成，在全新的石灰层上绘制，画家似乎将其视为某种修正或最后的整合。有学者猜测西斯廷穹顶应于 1511 年的年中完成，此时入口可见大部分画作，甚至包括《创造夏娃》。那么拉斐尔对米开朗琪罗的间接致敬（赞颂他那伟大的艺术成就，但也勾勒其怪诞孤僻的性格）应也有据可循。

总而言之，《雅典学院》壁画宗旨为：人类的首要义务便是学习知识。认识与理解我们自己及周围世界不再是一种选择，而成为一种道德义务。因此，科学是世俗的，它不存在，也不应存在宗教蕴含。无神论者伊壁鸠鲁、穆斯林伊本·鲁世德，甚至犬儒主义者第欧根尼都可成为哲学与科学共和国中的居民。我们应努力去学习、认识并理解一切智者，不带偏见，不加歧视和预设。这便是朱利奥二世让拉斐尔在签字厅壁画中传达的信息，我们必须认识到，此宗旨非比寻常，代表着自由开放的思想，清澈透明的观念，高瞻远瞩的见解。

《圣事争论》位于《雅典学院》前，二者尺寸规格相差无几。此画主旨为描述那无法被理解和捕捉的神秘“圣道化身”。“神学”场景中的女性隐喻人物正在吟诵，拉丁语为“神圣事物注解”，该铭文含义极其重要。人类为“知识”（正如《雅典学院》上方所写），因人类能力可实践知识，理性可理解知识。而宗教至上真理则是“讯息”，由上帝揭示。从某种意义上说，这是一种“告知”。人类可接受或拒绝这些信息，因这是人类至上的专有权利。

整个绘画布局的透视焦点与概念中心为圣台，与壁画上部圣三位一体人物形象位于同轴，以视觉方式呈现。上方为正在祈福的永恒神父，中央为耶稣、圣母及先知圣约翰，圣人、教士等先知形成半圆。下方为象征圣灵的圣鸽，正照耀着圣台，还有一群柔软赤裸的小天使。天使们笼罩在金色中，在无所不能的上帝后方构成天堂之屏。

壁画下方为多名宗教博学者。圣安布罗乔、圣奥古斯丁、圣哲罗姆和格里高利坐在宝座上，较为突出，余者或站立，或姿态不同。群者人物包括圣波拿文都拉·达·巴农雷乔、圣托马斯·阿奎纳、贝亚托·安杰利科、但丁·阿利基耶里。数年前在佛罗伦萨被处以火刑的圣吉洛姆·萨沃纳罗拉修士也位于其中，信奉圣方济各的教皇朱利奥·德拉·罗维雷二世将其归为圣人行列，正是为了反对处死萨沃纳罗拉修士的前任教皇亚历桑德罗·波吉亚六世。

壁画名称为《圣事争论》，此题应出自乔尔乔·瓦萨里在《艺苑名人传》中描述的那些“争论的”人物。但圣人与博学家并非在争论，而是在这令人眩晕的神秘事迹之前表达尊敬、惊奇与激动之情，他们在书本中寻找答案，以求解开那些无法理解的奇迹。画面中，人类在被揭示的真理面前感到迷惘不安，愕然不解。幸运的是，仁慈的上帝对人们施以援手，他派出天使，帮助并安慰众人。那名优美的金发年轻人位于神学家聚集处边缘，正在友善而优雅地请求观者对这场奇迹献礼。

人类正在以理性努力地理解事物背后的原因，因为这是他的义务（《雅典学院》宗旨）。人类锻炼自己的自由意志，接受通向救赎之路的启示（《圣事争论》）。但倘若没有美的抚慰与律法的执行，在这片土地上的救赎便永无法完成，也不可能存在。两面规格更小的墙壁中描绘了圣山帕纳塞斯山，阿波罗位于高处，正弹奏里拉琴，身旁环绕着缪斯及各时代的伟大诗人。此外，还有象征着历史最权威法典的“正义”，分别为朱斯提尼亚诺的《国法大全》与格里高利九世的《规范法令》。

拉斐尔以罕见的远见卓识，将哲学及宗教教理的一切元素整合在壁画中，同时又具有极其有效的教育宣传作用，让每个观者均能立即领会并感同身受。诗歌源自神性，穹顶帕纳塞斯山上方壁画中的隐喻人物正在吟诵“受神圣启示”。而“公正”则诉说着“（公正）赋予人人权力”，他展示宝剑与天平，纪念法典完成。诗歌是神圣启示，诗行与音乐中传递出美，是上帝在人间的映照。这便是拉斐尔、委托人朱利奥·德拉·罗维雷二世及教廷学者们在帕纳塞斯山弧面窗中所要传达的旨意。

帕纳塞斯山中描绘的概念简洁明了。诗人们聚集起来，倾听阿波罗弹奏里拉琴，感受上帝精神并致敬。上方左侧最显眼的人物为盲人荷马，他身旁是维吉尔与但丁。三位伟人身旁，正在倾听与书写的年轻人很有可能是拉丁学者埃里奥，据称他曾探究罗马起源，撰写《编年史》，但已散佚。歌颂爱情的女诗人萨福位于第一层，左侧为彼特拉克。画面右侧，一群人向帕纳塞斯山攀爬，其中有薄伽丘、桑纳扎诺，或许还有拉斐尔的朋友、人文主义学者安东尼·特巴狄奥。与萨福对称，位于第一层起始端的人物为一名戴桂冠的年老诗人，或许应为贺拉斯·弗拉克。

第263页
拉斐尔
雅典学院（局部）

另一面墙绘有《三德像》。倘若秩序未得法律保证，人类社会将会是荒蛮丛林，人也将沦为野兽。但法律只有在美德的引领下，才可谓好的法律。因此弧面窗中描绘了人人都具有的基本美德（坚毅、谨慎与忍耐），以及源自上帝的神学美德（信仰、希望与仁爱）。

拉斐尔将神学美德描绘成幼儿的形象，其中“信仰”正在以手指天；“希望”则手执点燃的火把；“仁爱”正在橡树林中采摘，橡树是罗维雷教皇的纹章符号。基本美德则被描绘成姿态各异的女性形象。“谨慎”正注视着身后带翼小天使托着的镜子；“忍耐”手执缰绳，用于规范马匹，也隐喻着对人类行为与生活方式的规劝；“坚毅”正稳固而警惕地倚靠在象征教皇朱利奥的橡木上；“正义”并未出现在画面中，因其早已存在于展示的书卷与图示符号中，也存在于穹顶的相应部分中。最后的两幅壁画表明，美德已经启示出德性法典。

国王朱斯提尼亚诺从法官特里波尼亚诺手中接过法典，相应地格里高利九世正在接受由法理学家雷蒙多·迪·佩纳福特呈交的标准法典。从其外貌来看，他应为朱利奥·德拉·罗维雷二世。1511年夏季，教皇曾起誓，在法国人离开意大利前，永不再剃胡须，因此画面中的他面颊有须。他身旁为两名将来注定成为教皇的大主教：乔万尼·德·美第奇及亚历桑德罗·法尔内塞，正是未来的莱昂十世与保罗三世。

拉斐尔在签字厅房间中的壁画（包括穹顶中四个隐喻形象）均按主题分布对应。他还在正方形内框中描绘出四则取自《圣经》与神话中的故事，均与壁画主题对应。《雅典学院》上方“哲学”旁为《第一原动力》，意指事物起源。而“诗歌”（与其他女性形象不同，带翅膀）旁为《阿波罗与玛尔斯》。据神话称，玛尔斯在诗歌比赛中落败后被阿波罗活剥。《所罗门审判》与“正义”呼应，《原罪》则与“神学”相对应。

多幅单色壁画构成的基座模仿镶金青铜，外围为优雅细致的乐谱，带有大理石人像柱的白色边框，沿房间墙壁整齐排布（仅帕纳塞斯山壁画中没有），描绘宗教历史与古典文明的故事。这卓绝的装饰作品由拉斐尔画室优秀弟子佩林·德尔·瓦加于1541年完成。签字厅房间中的壁画象征着拉斐尔艺术生涯的黄金时刻，代表着奥林匹克式古典主义的巅峰。一切都井然有序，平静肃穆，荣耀异常，传达出对人类命运的乐观态度，也是对智慧、正义、诗歌与宗教的至高颂扬。这知性与审美的维度，让人联想到柏拉图理论中的原型与神的“至福乐土”。

拉斐尔不仅具备出神入化的模仿能力，而且匠心独具，可吸收并改革任何前人技巧（这是拉斐尔艺术性格中最典型的特征），也能迅速改变风格。在几个月时间内，他便从签字厅绘制至埃利奥多罗厅。他应于1508年夏季后期开始签字厅创作，最先绘制《圣事争论》壁画（此画必然为第一幅，因画作中仍体现出15世纪绘画风格的某种遗痕，仍透露出佩鲁吉诺的节奏形式，修士巴托洛米奥、马里奥托·阿尔贝提内利的佛罗伦萨式优美秩序），随后他开始创作《雅典学院》，最后则是几面规格较小的壁画。因此可合理推测，拉斐尔应于1511年末便已开始埃利奥多罗厅的绘制工作了。

如果说签字厅房间主题为人类命运在知识和启示、美和法律中得到揭示，那么召见厅，即埃利奥多罗厅，则主要歌颂上帝为保卫教会而对人类社会所做的干预。无所不能圣父将埃利奥多罗逐出神殿，从监狱中释放彼得，在罗马大门阻止阿提拉的脚步，教皇成为“圣体教堂”的守护者。因此300年前，“博尔塞纳的弥撒”奇迹出现。对十字架的虔诚，对圣父死亡与复活的信仰，均是教会赖以构建的基石，而此教会由朱利奥二世代表，且未被上帝所抛弃。拉斐尔在两年时间内（1512—1514年）便呈现这一切，他在画室帮助下绘制了埃利奥多罗厅，其中自然不乏朱利奥二世的热切参与。

朱利奥二世的首要目标是捍卫教会的自主与自由，其次也为维护其政治系统。教皇只有在具备所有人都承认的世俗权力时，才可行使他的精神权威（反对异教和分裂主义者，反对以亚历桑德罗六世为首的买卖圣职者和腐败者）。这便是朱利奥二世长久以来的想法，是其政治理念的核心，也是他常年与意大利公国和法国征战的原因。埃利奥多罗厅中，教皇肖像画面颊有须，正是其在博洛尼亚失落后曾起誓，在法国人离开意大利国土前永不再剃胡须的体现。

这一切都说明，埃利奥多罗厅的绘画应是献给一名极其现实、热衷于参与政治的教皇。我敢肯定，拉斐尔也以同样的热情回应教皇，对他报以感激，这是他生平第一次参与历史英雄事业。他那孤僻厌世的对手米开朗琪罗刚在西斯廷穹顶的绘制中展示出伟大才能，拉斐尔对其也多有借鉴和模仿。

拉斐尔发自内心地对米开朗琪罗表示敬意。他固然借鉴了（或许是以一种友善的变通主义）大师呈现动态、解剖面及戏剧性动作的方式，但又将米开朗琪罗发明的矫饰主义式艺术语汇转换成自己的风格。甚至可以说，壁画《埃利奥多罗被逐出神殿》中，在观看亵渎神灵的小偷被神圣骑士所制伏时，那激动骚乱的人群(《玛喀比传》，Ⅱ，Ⅲ，23—29）似乎可称得上是朱利奥·罗马诺在曼托瓦市泰宫中画作的原型。画室所完成的埃利奥多罗厅穹顶上四则圣经故事（《摩西在火荆棘中》《燔祭以撒》《雅各之梦》

《诺亚走出方舟》），充满了对西斯廷穹顶壁画的借鉴，其模仿之多甚至略令人尴尬（瓦萨里之语）。

或许拉斐尔并没有负罪感，因为这不是“抄袭”的通常或普遍含义（这才能真正证明他的伟大）。他仅仅是吸收了罗马英雄主义氛围中的自然风格与绘画人物（包括古典艺术杰作，米开朗琪罗、塞巴斯蒂亚诺·德·皮翁博的风格；洛伦佐·罗托于同时期在使徒宫的埃利奥多罗厅穹顶中创作的小型装饰壁画；皮耶罗·德拉·弗朗切斯卡曾创作著名壁画，但因朱利奥二世新绘画计划而被拆毁），因此拉斐尔才得以构思出前无古人的解决方法，创作出令人耳目一新的艺术风格。

我们可在埃利奥多罗厅壁画中看到拉斐尔对米开朗琪罗的诸多借鉴，也可发现塞巴斯蒂亚诺·德·皮翁博提倡的威尼斯画派色彩，洛伦佐·罗托主张的对皮肤真实感的关注，对人物面庞的细节描写，对文艺复兴肖像画中心理动态的捕捉，所有这一切都有助于“缔造”埃利奥多罗厅中的拉斐尔。但拉斐尔的伟大在于，他吸收并革新了伟大文化绘画中的精华。因此，埃利奥多罗厅中的拉斐尔展现了一个崭新的奇迹，令世人惊叹。

哪怕仅踏进埃利奥多罗厅一次，你便永生不会忘记《圣彼得被解救》。这是讲述上帝为保卫教会进行神意干预的故事，这是历史上最古老悠久，也具备最多重象征含义的故事。据《使徒行传》中记载，圣彼得被希律王羁押，天使出现在梦中将他释放，并委托其在耶路撒冷完成伟大使命。拉斐尔在一面有窗户的墙壁中以三联画的形式分开绘制该故事，每一部分均带有一种独特光源。中间部分为天使进入牢笼，那灼目的光亮以一种天才般的光线效果显现背景中黑色的牢狱铁栅栏。两名狱卒仿佛被这个奇迹催眠了，俨然已成为某种身着盔甲的钢制静止人体模型。右侧为正在做梦的圣彼得，刚从牢笼中走出。环绕光亮的天使陪伴圣彼得，为其引路。在一个更柔和的光亮中，在沉沉暮暮的黑夜中，被施了催眠术的士兵姿态各异地倒在地上，画面令人不安，营造出超自然的氛围。左侧便是那著名的夜晚，主角为月亮，部分被云遮蔽，高悬在天空中，照亮宁静夏夜，罗马大门正等待迎接黎明的到来。守卫狱卒们激动而恐惧，他们惊愕于天使的闯入和正在发生的奇迹。其中一名守卫手握火把，他们的盔甲被月光抚摸，被火把照亮，被天使进入后的囚牢中所发出的光亮照耀。

早在卡拉瓦乔之前，在伦勃朗的《夜巡》和戈雅的《1808年5月3日》之前，绘画史上便出现了这笼罩在月色中的惊人黑夜，那便是拉斐尔于1512年（或许是 1513 年）在梵蒂冈埃利奥多罗厅中绘制的杰作。埃利奥多罗厅中的拉斐尔已完全吸收了威尼斯画派中的全部色彩运用方式。辨别出究竟是谁在那些年中引导他发现了那个伟大的艺术世界并不那么重要（塞巴斯蒂亚诺·德·皮翁博显然是主导，但还有其他人），我们更应关注一名天才的快速成长，他依靠仅有的前人经验，加以自己对绘画本质的理解和迅疾如闪电般的创作灵感，迅速成就辉煌。尽管此话并不完全合理，但我仍认为，在绘制《圣彼得被解救》时，拉斐尔已经“是”提香了，甚至“超越”提香，虽然他并不曾见到过提香本人。

正如《埃利奥多罗被逐出神殿》所展示的，拉斐尔在埃利奥多罗厅中是总建筑师，也是场景的总规划师。描绘伟大祭司奥尼亚祈祷的绘画空间具备极强的戏剧张力，因为拉斐尔以“几乎前巴洛克的”方式（雷迪格·坎波斯之语）让上帝之手制止亵渎神灵的小偷。埃利奥多罗厅中的拉斐尔同时也创造了令人惊叹的肖像画。那面颊带须的教皇让人过目难忘，被驱逐画面中舞台前部的抬轿者们威严肃穆，足以震慑住任何想要偷盗或破坏教会珍宝之人。

《博尔塞纳的弥撒》故事中，教皇身后多名大主教（拉斐尔·利亚利奥和莱昂纳多·格罗索·德拉·罗维雷）见证了这奇迹“转变”的历史重现。画面第一层中，跪拜于右侧的瑞士人激动不已。他们是讲德语的士兵和官员，皮肤清澈，金发碧眼，正在骄傲地展示锋利的武器和多彩的丝绸锦缎，占据了场景的主要空间。此前在意大利，无人知晓如何呈现这样一种充满生命力的肖像，如何清晰明确地描绘人物面貌和精神，如何以一种与神圣比肩但又简洁晓畅的方式呈现画作。如可做类比，那么可认为拉斐尔可与其时代的肖像画家阿尔布雷希特·丢勒比肩。

《教皇莱昂会见阿提拉》是埃利奥多罗厅壁画中最后完成的一幅画作。故事十分古老，混杂着历史与传说。

公元 542 年，阿提拉入侵意大利，洗劫阿奎莱亚后，朝罗马进攻。教皇莱昂在曼托瓦附近迎接阿提拉，说服军队打道回府，由此拯救城市免受劫难。据传，阿提拉和他的将军们答应返回并非（或不仅仅）出于教皇的说辞，而是因为他们看到了准备保卫罗马的圣使徒们（圣保罗与圣彼得）在天空中显现。在朱利奥二世的设想中，该壁画应具有政治含义（阻止外族对圣地意大利的侵略），但同时也应传递出对恩典的感激之情。1512 年 6 月，尽管法国人击败神圣联盟，在拉文纳获胜，但同年 4 月，他们便出人意料地离开了意大利。

1513年初，拉斐尔与他的弟子们，尤其是与乔万尼·弗朗切斯科·佩尼开始创作《教皇莱昂会见阿提拉》。1513年1月21日，朱利奥二世去世，在不到一个月的时间内，大主教乔万尼·美第奇被推选为教皇，名号为莱昂十世。命中注定，“豪华者”洛伦佐之子会两次出现在壁画中。当朱利奥二世在世时，他尚是“伟大者”莱昂幕府中的大主教，曾向教皇宣誓，致力于“守护城市”，如今他作为罗马教会的最高统治者再度出现在壁画中。拉斐尔本人构思并创作了画面左侧，他描绘了教廷中的真实人物。据雷迪格·坎波斯考证，托起无柱式十字架者应为教皇庆典师帕里斯·德·格拉西斯。位于白色马匹上的那名肃穆专注的年迈老人，应是权杖支撑者安德烈·达·托雷多。还有阿布鲁佐马倌乔万尼·拉扎罗·德·玛吉斯特里斯，别称赛拉皮卡者，教皇与其十分亲厚，因此拉斐尔也将他列为教廷中人，他正在用鞭子牵引莱昂十世那匹珍贵的坐骑。背景中的罗马风光（引水道、斗兽场）具备一种罕见的强烈感。天空上出现圣使徒们（圣彼得与圣保罗），他们的显现震慑住了匈奴人，马匹骚动不安，阿提拉军队众人惊愕而恐惧。

《教皇莱昂会见阿提拉》从未被批评界视为拉斐尔最杰出的作品，因为此画主要由画室参与完成。但值得一提的是，大师最主要的助手乔万尼·弗朗切斯科·佩尼可谓伟大的艺术家。他灵活借鉴了大师的设计与理念，并知道如何更好地表达自己。画面中，匈奴人被“伟大者”莱昂阻拦，画家刻画出士兵们的骁勇与混乱，也表达出野蛮人天真烂漫的神色。马匹迅疾勇猛如豹子，匈奴人残暴凶悍（他们曾焚烧了背景中的马里奥山）。他们聚集在教皇面前，情绪激昂，狂热不安。

相反，教皇、大主教及教廷成员们均平静而神圣，传递出肃穆、祥和之感。与旧时的莱昂教皇一样，新当选的教皇同样是秩序、和平、文明和文化的主宰。

这便是壁画中教皇“伟大者”莱昂以莱昂·美第奇十世面貌绘制所要传递出的明显信息。这是乐观而吉祥的预兆，自然受到美第奇教皇的肯定。绘画创作之时，他即将开始其在位的黄金时期。众所周知，莱昂十世是博学文人，深谙艺术。他毫无保留地欣赏拉斐尔，慷慨大方，睿智敏锐。教皇的光辉年代与拉斐尔的辉煌生涯几乎完全重叠。他逝世于1521年，正是拉斐尔辞世一年之后。

拉斐尔据莱昂·美第奇的面庞描绘历史上其他以莱昂为名号的教皇，这应极受教皇喜欢。因此在被称为“博尔戈火灾厅”的房间中，我们可看到莱昂三世在800年圣诞节之夜时，为神圣罗马帝国皇帝查理大帝加冕，让其对圣彼得宣誓；我们还可看到

第269页
拉斐尔与画室
埃利奥多罗被逐出神殿（局部）

莱昂四世画着十字架符号，熄灭正在摧毁博尔戈郊区的火焰；在奥斯提亚战役中，他在台伯河入海口前击败了撒拉逊掠夺者。这是几则数百年前发生的故事，但所有以莱昂为名号的教皇面貌都是依据莱昂十世美第奇而描绘的。

1514年夏季，拉斐尔开启了博尔戈火灾厅的装饰工程（那时他已成为一名训练有素的画家，不再直接参与绘画，仅协调并监督弟子们的工作）。工程启动时间确凿，因拉斐尔写给叔叔西蒙内·乔尔拉的一封信："我已经开始为教皇执行另一项绘画工作，酬劳为1200金币。"信件注明时间为7月1日。工程于教皇当选的周年庆典——1517年3月结束。

在莱昂十世构思中，房间应为接待少数人的用餐场所。但不久前，此厅的功能截然不同。这曾是教会最高法庭所在地，是梵蒂冈司法体系中最重要的场所。朱利奥二世将这间房间作为签字厅法庭，他让彼得·佩鲁吉诺来绘制穹顶壁画。金橙色的背景中为怪诞画，每个圆拱中央为四个圆框，布满古典风格的叶片与浮雕宝石。圆框中可见《胜利耶稣被天使环绕》，两旁为"仁爱"及"正义"的隐喻形象。"仁爱"以恳求的目光抬头望向上帝，"正义"则放下宝剑、手托天平，保持完美平衡，这是另一个绘画象征。召开集会时，教皇宝座被放置于此画面之下，是对教会善良与仁爱的重申，又如《神圣三位一体与圣使徒》中对负责守卫"圣道"的描绘。随后的圆框《耶稣闪耀如圣餐之光》同样令人称奇，画面中魔鬼正在诱惑，他手执一块石头，将其转化为面包。最后一幅壁画则为《永恒圣父荣耀》，描绘那天地造物主。在佩鲁吉诺创作至少6年后，拉斐尔开始装饰博尔戈火灾厅时，他决定完全保留穹顶。瓦萨里指出，这是出于对前辈的尊重。这种假设是有迹可循的。与对签字厅穹顶上索多玛的绘画处理如出一辙，拉斐尔再一次证明了自己的慷慨友善、豁达大度。

壁画《博尔戈火灾》久负盛名。这是后世所有古典主义者模仿借鉴的模本，如圭多·雷尼、普桑、大卫等。画面中的人物形象令人击节称叹，一名女性手臂抬向天空，另一名背对观者，头顶水壶；年轻的裸身男子试图从城墙上爬下，正惊恐地看着观者；埃涅阿斯肩扛老父亲安吉斯从火中走出；还有依据梵蒂冈圣彼得古典大教堂重新创作的特洛伊城。上述种种皆是后世数代艺术家们争相学习、吸收借鉴并重新阐释的现代绘画原型。但绘画的历史指涉极其微弱，甚至无足轻重。正如《教会法典》所记载，847年，莱昂四世以十字架手势阻止了那场正在摧毁郊区，甚至已威胁到梵蒂冈大教堂的火灾。1514年，一位同样名号莱昂的教皇将再次完成这个数百年前的奇迹，历史即将重演。新当选的莱昂教皇被召唤至圣彼得前，熄灭战争之火。这便是此幅绘画主题所要传达的宗教信息和政治信号。

壁画《查理大帝加冕》极具现实意义。公元800年的圣诞夜，教皇莱昂三世在圣彼得大教堂中为神圣罗马帝国国王及法国国王查理大帝加冕。在拉斐尔及其弟子们（包括朱利奥·罗马诺，但未有确凿证据表明佩尼也参与其中）的创作中，教皇依据莱昂十世相貌绘制，而查理大帝则为法国国王弗朗切斯科一世。朱利奥二世在位期间，教皇与法国王室的政治与军事冲突持久激烈，如今却风云变幻。1515年10月，国王和教会及美第奇教皇签署了协议，承诺未来友好合作。这正是画框边缘纸卷所述，查理大帝宣称整个法国都将成为守卫教会的宝剑与盔甲。

《莱昂三世宣誓》画作场景饱含政治与宗教意义，故事于“加冕”前一天发生。据《教会法典》记载，查理大帝加冕仪式前夕，莱昂三世试图在国王与教廷人士前，为自己遭受的诽谤辩护，但正如画面边框纸卷所述，只有上帝才可评断教士行为，人类无权干涉。这便是对整个教会在面对世俗权力时自主性的骄傲肯定，也是拉特兰第十一届大会（1516年12月19日）的宗旨。

此外，《奥斯提亚战役》也是取自发生于遥远时期的真实事件：公元849年，撒拉逊人入侵台伯河入海口，莱昂四世在位期间，战役大获全胜。美第奇教皇正欣慰愉悦地注视着基督教徒的胜利和俘虏的抓捕场面。身旁为大主教朱利奥·德·美第奇（未来的教皇克莱蒙特七世）和贝尔纳尔多·多维茨·达·比比埃纳，而从海面情形来看，海战依然激烈。绘画主题的选择源自莱昂十世对“十字军东征”的兴趣，那是文艺复兴时期教皇们从未实现过的乌托邦理想。

此房间绘画的首要主题为皇室与教会的联盟，壁画外围为单色基座，由人像柱间错开来，描绘了历史上最重要的宗教人物。从《博尔戈火灾》壁画开始，依次为戈弗雷多·迪·布里奥内、 阿斯托尔夫、基督徒费尔迪南多、罗塔里奥、查理大帝、君士坦丁。雷迪格·坎波斯的论断应合情合理：拉斐尔的直接参与终止于埃利奥多罗厅，更准确地说，应终止于左侧壁画《教皇莱昂会见阿提拉》。此后，在博尔戈火灾厅中，大师的参与度或许已微乎其微。拉斐尔身边环绕着一群20岁出头的年轻弟子们，史料将他们戏称为“小伙们”，或是拉斐尔的“勤杂工们”。后来这群弟子已完全能够自主开始工程，他们分别是朱利奥·罗马诺、乔万尼·弗朗切斯科·佩尼（二者均为佼佼者）、佩雷格里诺·达·摩德纳、佩林·德尔·瓦加、波利多罗·达·卡拉瓦乔，以及其他于1519年参与过敞廊项目的画家们。纵使如此，我们依然可将博尔戈火灾厅视为拉斐尔的创作，与敞廊中的情形并无二致。尽管拉斐尔此时早已事务缠身，忙于更加重要的紧急任务，但他从未疏于对画室的管理。乔尔乔·瓦萨里曾准确描述道：“他从未疏于对教皇房间及大厅绘画项目的管控，他事必躬亲，保证自己设计方案的完整执行。他事无巨细，检查每个细节。适时地帮助，尽可能弥补一切疏漏。”瓦萨里精通技术，他自然知道为一个专业团队提供设计，“事无巨细，检查每个细节”意味着什么。我们可以想象，大师不仅提供了草稿和设计理念，甚至亲自建议，与他的年轻学徒们密切商讨，适当修正。人人皆知他能言善辩，总能说服或诱导他人。在壁画《博尔戈火灾》中，正如在使徒宫的敞廊穹顶中圣经故事一样，拉斐尔的直接参与或许较少。但需在此重申，那些壁画仍是“属于”拉斐尔的，与拉斐尔的关联并不亚于《雅典学院》或《椅上圣母》。“学院”方式是拉斐尔艺术生涯中的独到之处，他不止于将自己的绘画方式及风格教授给弟子们，还将模仿和借鉴的精髓（包括探索和实验的精神）传授给自己最优秀的拥趸们（朱利奥·罗马诺、佩里诺、佩尼、波利多罗），从某种意义上来说，拉斐尔的天赋仿佛也传承至他们心中。

上述种种在君士坦丁展厅中得到了完美诠释，该厅与教皇府邸相连，亦与拉斐尔展厅相连。房间明亮开阔，尤适于举办高规格庆典，特殊接见、高级宴会或教会高级人员任命典礼等，这是罗马教皇与外部世界接触的场所，他在此接见大使、世俗领土所有者、政界要人等。因此，美第奇家族的两名教皇莱昂十世和克莱蒙特七世要求绘画装饰应以此功能为最终目的。迈入君士坦丁展厅中，便会发现与挂毯形似的优美壁画，这是对基督教会的胜利歌颂——皇帝在教皇西尔维斯特引领下，将罗马城赠予教皇。

这是破旧迎新的颂歌，旧世界被摧毁（穹顶画中旧圣像被击垮打碎），但罗马教会善于取其精华，去其糟粕。它继承了精神权力高于世俗权力的理念，倡导以教皇为中心，认为教皇是君士坦丁的真正继承者，因此是整个地球王国的统治者。总而言之，这便是使徒宫庆典大厅所要传递的信息。莱昂十世委托拉斐尔完成，据拉斐尔传记作家兼好友保罗·乔维奥记载，工程应始于1519年春天。次年，拉斐尔与世长辞，项目转交由执行负责人朱利奥·罗马诺与乔万尼·弗朗切斯科·佩尼完成。此决定引发了塞巴斯蒂亚诺·德·皮翁博的失望与忌妒，因为他曾迫切希望能接替此任务，同时也引起米开朗琪罗的不满，他并不喜欢拉斐尔，甚至曾竭尽所能让教廷疏远拉斐尔的弟子们。

纵使大艺术家米开朗琪罗进行了干涉，比比埃纳大主教仍无视他的恳求，莱昂十世也未曾改变主意，君士坦丁展厅工程仍交给了拉斐尔的“勤杂工们”。

莱昂十世于1521年逝世，此时工程已进行过半，但亚德里亚诺六世（1522—1523年）在位期间工程中断。当圣彼得宝座迎来了另一位美第奇家族的教皇——博学的克莱蒙特七世时，项目又再度全速启动。1525年夏季，壁画全部完成：《十字架显圣》《米尔维安桥战役》《君士坦丁大帝施洗》《君士坦丁的捐赠》令人赞叹不已，教皇的肖像画栩栩如生，一旁的“美德”画作出神入化。墙壁外围由单色画衬托，描绘出无可尽数的宗教和世俗故事。1582—1585年，圣格里高利八世（本坎帕尼）在位期间，穹顶《基督教战胜异教》和意大利各省份的隐喻呈现最终完成。画家托马索·劳雷迪绘制了中央穹顶的场景，他以一种略带哲学意味的视角描绘了雕像被砸碎的过程。

君士坦丁展厅壁画主要由朱利奥·罗马诺与佩尼完成，其协作者数量较多，但我们仅知晓其中部分画家姓名。乔尔乔·瓦萨里在《艺苑名人传》关于朱利奥传记中，曾提及巴托洛米奥·达·卡斯提里奥尼、本内笃·帕尼·达·佩夏、拉斐尔力诺·德尔·克雷等，但必然还有众多其他参与者。拉斐尔在此前房间及敞廊中曾实践过这种完美建构，有效协调的项目组织，如今业已传承至其弟子手中。

我们知道拉斐尔为整个大厅提供了设计草稿，数幅画作均出自他的设计。将其设计草稿付诸画卷者为朱利奥·匹皮（别称朱利奥·罗马诺），他一直是画室“小伙们”中的翘楚。拉斐尔的天赋与朱利奥的恣意想象力相互融合，使这些壁画成为意大利文艺复兴时期最为震撼人心，也最令人心驰神往的绘画杰作。

只有百年后的鲁本斯，能够再次达到如此的程度——既善于还原历史，又可呈现生命之光，捕捉到它最荣耀也最震撼的转变时刻。君士坦丁展厅是保存拉斐尔最后，也是最伟大艺术风格的世界。随后的历史发展，想必人人皆知：朱利奥·罗马诺转战曼托瓦的费德里克·贡萨加宫廷，完成泰宫中的壁画创作，也由此催生了拉斐尔主义在意大利及欧洲北部的变体分支。1527年，罗马遭遇洗劫，大师的其他弟子们也最终各奔东西。佩林·德尔·瓦加迁移至热内亚，而波利多罗·达·卡拉瓦乔则去往那不勒斯。拉斐尔之后，罗马绘画逐渐没落，发展成一种过分追求细节、强调概念的矫饰主义，主要在君士坦丁展厅邻近环境（如瑞士人旧展厅和奇亚罗斯库里展厅）中得到体现。1560年，在绘有美第奇家族徽章及莱昂十世伟大事迹的宏大花格平顶式天花板下，两位祖卡利将使徒宫中的拉斐尔画作转变成一种环绕着乔万尼·迪·乌迪内式花朵装饰的圣体龛（奇亚罗斯库里展厅）。而瑞士人旧展厅则堆砌着众多象征与隐喻意义的壁画，由雅各布·祖齐、帕里斯·诺嘉利、安东尼·腾佩斯塔、达尔皮诺骑士等艺术家完成。传记家乔尔乔·瓦萨里也在其中负责两幅壁画（《圣使徒蒙召》和《圣彼得蒙召》）。拉斐尔精神在罗马天空下的重新发扬光大，要等到新世纪的到来，即由博洛尼亚人阿尼巴尔·卡拉齐在法尔内塞宫画廊中的创作开启。

第275页
拉斐尔与画室
埃利奥多罗被逐出神殿（局部）

签字厅

拉斐尔
雅典学院
1508—1511年
壁画

拉斐尔
雅典学院（人物欧几里得、琐罗亚斯德与托勒密局部）

第279页
拉斐尔
雅典学院（拉斐尔与索多玛局部）

拉斐尔
圣事争论（一名跟随圣奥古斯丁听写的人物局部）

第280—281页
拉斐尔
圣事争论
1508—1511年
壁画

第283页
拉斐尔
圣事争论（左侧人物组局部图，人物为贝亚托·安杰利科、年轻的弗朗切斯科·德拉·罗维雷与布拉曼特等）

第256—257页
拉斐尔
帕纳塞斯山（局部）

拉斐尔
帕纳塞斯山
1508—1511年
壁画

拉斐尔
三德像（上方），**朱斯提尼亚诺于特里波尼亚诺手中接过法典**（左侧），**格里高利九世通过法典**（右侧）
1508—1511年
壁画

第288—289页
拉斐尔
格里高利九世通过法典（格里高利九世局部）

DECRE
TALE

拉斐尔与索多玛
签字厅穹顶
1507—1508年
壁画

CAVSA
RVM
COGNI
TIO

第292页
拉斐尔
第一原动力
穹顶

拉斐尔
阿波罗与玛尔斯
穹顶

拉斐尔
所罗门审判
穹顶

第295页
拉斐尔
原罪
穹顶

埃利奥多罗厅

拉斐尔与画室
埃利奥多罗被逐出神殿
1512—1514年
壁画

拉斐尔与画室
圣彼得被解救
1512—1514年
壁画

拉斐尔
博尔塞纳的弥撒
1512—1514年
壁画

拉斐尔
博尔塞纳的弥撒（局部）

拉斐尔与画室
教皇莱昂会见阿提拉
1512—1514年
壁画

拉斐尔与画室
埃利奥多罗厅穹顶全貌
约1509—1514年
壁画
石膏

第306—307页
拉斐尔与画室
埃利奥多罗厅穹顶（局部：摩西在火荆棘中）
1512—1514年
壁画

博尔戈火灾厅

拉斐尔与画室
博尔戈火灾
1514—1517年
壁画

LEO·PP·IIII

CAROLVS
MAGNVS
RO:
ECCLESIAE
ENSIS
CLYPEVSQ

第310页
拉斐尔与画室
查理大帝加冕
1514—1517年
壁画

拉斐尔与画室
查理大帝加冕（局部）

拉斐尔与画室
莱昂三世宣誓
1514—1517年
壁画

拉斐尔与画室
奥斯提亚战役
1514—1517年
壁画

君士坦丁展厅

朱利奥·罗马诺、乔万尼·弗朗切斯科·佩尼及其他合作者
十字架显圣
1519—1525年
壁画

SIC DE TRAIANO PETRVS VICTORE TRIVMPHAT
ANNO·DÑI
MDLXXXV
EN TOΥΤΩΙ ΝΙΚΑ
CLEMENS·I
MODERATIO

朱利奥·罗马诺、乔万尼·弗朗切斯科·佩尼及其他合作者

米尔维安桥战役

1519—1525年

壁画

朱利奥·罗马诺、乔万尼·弗朗切斯科·佩尼及其他合作者

君士坦丁大帝施洗

1519—1525年

壁画

朱利奥·罗马诺、乔万尼·弗朗切斯科·佩尼及其他合作者
君士坦丁的捐赠
1519—1525年
壁画

托马索·劳雷迪
基督教战胜异教
1582—1585年
壁画

第323页
托马索·劳雷迪
基督教战胜异教（局部）

I.N.R.I

地图画廊

地图画廊长120米，宽6米，是使徒宫中极其迷人的地方之一。它是通往西斯廷礼拜堂的必经之路，所以也是参观博物馆的必至之地。

地图画廊的整个墙壁都被意大利各地区的图画所覆盖，穹顶以白色和金色石膏装饰，多彩壁画中充满了无可尽数的人物、徽章、隐喻、符号和象征。这绵延不绝的长廊讲述着众多的宗教故事和基督教圣徒们的生平逸事，是宗教阐释书，也是《新约》与《旧约》的象征。我们稍后会详尽介绍这些画作的复杂体系，阐述它们背后的原因。但首先有必要知道，在这些令人赞叹的天蓝色与绿色画作后面（我们称其为地图画廊）隐藏着一位伟大的教皇，那便是博洛尼亚人圣格里高利十三世（本坎帕尼）。

教皇格里高利原为博洛尼亚大学法律教授，是博学多识之人，被选举成大主教时，已年岁不小。他曾在特伦托大会中发挥举足轻重的作用，并在一场仅持续一天的大会之后，于1572年5月13日被选为教皇。格里高利本应仅为过渡教皇，但他却在位14年之久，那是对教会历史来说极其重要的岁月。

教皇格里高利主张反宗教改革，他坚毅强硬、睿智机敏、高瞻远瞩。他是机智的外交官，成功游走在欧洲权力版图中，并以一切政治、军事、文化或宗教方式实现了基督教的重新夺权。他在位期间，教会完美执行了特伦托大会的法令规定，成立并弘扬了新的宗教分支（如加布遏托钵会、奥勒托利会、耶稣会等）。而加布里埃莱·帕莱奥迪创作的《论形象》（1581—1582年）也催生了一种基督教美学。在与整个新教改革世界相对抗时，他命令罗马教会提供必要的阐释学、语史学、历史学工具，肯定宗教教理，论证并辩护它的重要性。这便是知识分子圣格里高利十三世倡导的氛围。在他的鼓励下，安东尼·波西奥革新基督教考古学，凯撒·巴罗尼奥于1588—1607年编纂12卷鸿篇巨制《基督教编年史》，实现了对整个基督教历史的重新审视。

保利纳礼拜堂绘画装饰本应由米开朗琪罗负责，中断后，教皇格里高利请求费德里克·祖卡利及博洛尼亚人洛伦佐·萨巴提尼完成。他委托乔尔乔·瓦萨里在皇家厅中创作，这是对教会战斗精神最有力的阐释。教会以神圣之歌感激上帝，为土耳其人被雷潘托击败（1571年）和胡格诺派教徒在巴黎被灭绝（1572年）而欢欣鼓舞。格里高利家族徽章中的红底飞龙反复出现在使徒宫、教堂及其他罗马建筑中。但格里高利最重要，也最具有历史意义的功绩是推行了以其命名的历法改革。一栋矗立在贝尔维德雷庭院与松果庭院之间的高耸小楼房（即后人所称“风之塔”）让格里高利教皇的徽章之龙真正腾飞起来。这是基督教最著名的数学家与天文学家开展研究的实验室，他们为了教皇这场伟大的改革，绞尽脑汁地进行了计算与求证。

当时盛行的朱利亚诺历法计算并不准确，导致了天文时间与实际时间的差异。经年累月，此差异已达 11 天。因此教皇将 1582 年 10 月 4 日周四之后定为 15 日周五，一举将 1600 年间累积的逆差全部扳回。但著名格里高利改革之路却任重而道阻，直到 18 世纪，该历法才最终在欧洲通行，俄国甚至是在 20 世纪的十月革命后才正式采用它。然而，东正教教义礼仪节日如今仍以朱利亚诺历法为依据。

地图画廊工程的背后是这样一位年迈的教皇：他严密精准，务实求真；他是反宗教改革的楷模，也是为争夺罗马教会胜利而不知疲倦的斗士；他是天文学家、数学家、神学家、考古学家、人文主义者及知识分子的好友。画廊传递出他对意大利、宗教、科学与艺术同等程度的热爱。

“圣格里高利·本坎帕尼无须走出宫殿，便可漫步在整个意大利。”（皮内利《地图画廊》，1994 年）此地现位于贝尔维德雷庭院西侧第四层，这是真正的空中索道，一侧为梵蒂冈花园，另一侧为庭院。工程是在令人难以置信的短暂时间内建筑完成的。倘若建筑师奥塔维亚诺·马斯凯利诺在 1578—1580 年已完成了建筑工程，那么在 1581 年末（开工铭文上所示），它实际上应该已经竣工一年左右了。

负责项目的人员包括吉洛拉姆·穆兹亚诺、凯撒·内比亚、声名显赫的“风景画家”弗兰芒兄弟马提亚与保罗·布里尔、地图绘制专家乔万尼·安东尼·瓦诺西诺·达·瓦雷塞及其他尚不知姓名的众多艺术家与工匠们。项目负责人和整个过程的真正“导演”是著名的宇宙学家、地理学家、数学家——佩鲁贾人伊那茨奥·丹迪，他亦在博洛尼亚大学教书，因此无法拒绝这名如今已成为教皇的“同事”要求他前往罗马的命令。

40 幅地图分布在狭长的墙壁上及对应着入口与出口的短墙中，主要描绘意大利地区、大型岛屿（西西里、撒丁岛与科西嘉岛等）与小型岛屿（特雷米迪岛、艾尔巴岛，也包括马耳他岛、格尔富岛等）。地图均以鸟瞰视角绘制，各个地区之间的比例各异。四个最大的港口城市（热内亚、威尼斯、奇维塔韦基亚与安科纳）位于入口墙壁处（即如今的出口）。“走道”起始端为两幅独特的地图，即意大利的古代和现代图景。

在出口墙壁上（即如今的入口，因为参观路线是以西斯廷穹顶为终点，所以与最初设计相反），观者会欣赏到小型岛屿。但壁画中还描绘了两则当时鲜活的军事事件：土耳其人对马耳他围攻失败（1565 年）和雷潘托战役（1571 年）。

国家地图绘制了意大利历史，讲述了那些或知名或次要、或古老或现代的事件。在翁布里亚地图中，特拉西美诺的末端能看到马匹队列、弓箭手方阵、营房与辎重车。这是对史称“特拉西美诺之湖”战役的描述，罗马军队被汉尼拔击溃。拉丁文纸卷准确地阐释：“汉尼拔杀死参将，大举歼灭罗马人。”

描绘帕尔马与皮亚琴察公国的地图中，在特雷比亚河河畔，汉尼拔与他的大象们再次将罗马军队撕碎。1495年，在同一片土地上，查理八世与意大利领主之间展开了福尔诺沃之战。

曼托瓦城门口，在奎斯特罗与格威尔诺罗之间，教皇“伟大者”莱昂于公元452年以他的雄辩口才阻止阿提拉向罗马进攻，使城市免遭洗劫与毁灭。

在费拉拉郊区塞奇亚河与波河之间，教皇朱利奥·德拉·罗维雷二世于1511年攻下米兰多拉堡垒。法国人与神圣联盟在拉文纳的战役（1512年）同样是教会的光荣胜利。

在出口短墙前稍做停留，便会看到正在进行的“现代”战役，仿若直播镜头一般：在雷潘托，威尼斯中型帆船正在火光与烟雾中攻击土耳其舰队；一幅鸟瞰样式的地图中，描绘了马耳他的场景——战壕与堡垒中，双方弓箭手猛烈进攻，画面中遍布着众多十字架或伊斯兰教新月符号的旗帜。

穿行在地图画廊中，并不会感到疲乏，因为每幅地图均值得深究，每座高山、每条小溪河流均可在当时的实景中找到对应，每座大城市都拥有真正的“肖像画”，每座村庄、每个小区、每个教区都有名有姓。意大利参观者会看到家乡或家族的名字闪现在画面的某座山谷中或某个小河畔，自会惊叹不已。

当然，还有大海，那碧蓝清澈、光洁明亮的意大利大海，波光粼粼，温柔荡漾。仅仅是为欣赏那些穿行在意大利海洋中的各式船只，也值得参观地图画廊：二桅小帆船、四桅大帆船、货船、渔船、单桅快艇、战舰等。画面中甚至还有一艘罗马货船，正在将一座方尖柱碑卸载在奇维塔韦基亚港口中。

这是当年意大利从北到南的全景描绘，从利古里亚到卡拉布里亚，从米兰公国到普利亚，高山连绵，平原广袤，湖泊辽阔，海角众多，森林茂密，海岸清澈。这里有城市、港口与村庄，同时也有塑造并赋予意大利国家身份及荣耀的历史。

这里有庄严的罗马城，有接受神意的教会，有最令人尊崇的宗教，有最骄傲的记忆，有众多益于身心健康的地方，所有这些都是格里高利热爱的意大利。他无须踏出教廷，便可以漫步其中。正如启动铭文上所书，意大利便是教皇的花园，也是“世界上最尊贵之地”。

在格里高利十三世看来，意大利是世界上所有国家中“最为尊贵者”，它拥有光辉灿烂的历史与记忆、丰富多样的文化、亘古流传的艺术与美。古代意大利地图上方纸卷中如此记载：“意大利自古便是艺术与知识之国。”直至今日，意大利人仍如此认为。

身为地理学家与宇宙学家的伊那茨奥·丹迪睿智敏锐，他完全满足了教皇的期待。格里高利十三世希望漫步在一个历史悠久、理想而智慧的意大利中，但此意大利同时也应是真实的。城市、风景与地点需真实，地理分布同样需真实。

意大利地形狭长，其背脊与主轴为亚平宁山脉。这个长120米，宽6米的走道由此也成为亚平宁山脉的比喻。设计师在墙壁上合理分布，一面墙为面向亚德里亚克的意大利大区，另一面墙壁上则为面朝利古里亚与提雷诺海洋的大区。

这便是伊那茨奥·丹迪的构思，他在1580年12月24日给弗兰芒同事亚伯拉罕·奥尔特里奥的一封信中如此写道："我将意大利沿着亚平宁山脉一分为二，画廊一侧为浸润在利古里亚与提雷诺海洋中的那部分，另一侧则为被亚德里亚克与阿尔卑斯山环绕的地区。我根据公国与行政辖区将意大利划分为40个部分。"

但地图画廊的委托人并未忘记自己身为世界教会之首的责任，他的首要义务便是承认教会教理，在异教徒与分裂主义者前维护教会的至高权威。意大利虽被看作教皇的花园，但此花园同样满布圣人、殉难者、救赎与神意的故事。

负责地图系列的同一批画家完成了穹顶装饰，他们绘制了无可尽数的隐喻图像、怪诞画装饰、符号与徽章，讲述了51则主要的奇迹故事。与凯撒·巴罗尼奥对宗教历史的系统探究同时期开展的还有穹顶绘制，画家们以一种令人赞叹的准确与阐释性讲述了每个意大利地区或城市的独特宗教。

当年的实景地点与那些地点中展示奇迹的圣人之间存在精确对应关系，当时的意大利城市与在该城市中发生的宗教历史故事相互呼应。

譬如说，观者在米兰公国地图前停留，便会看到上方穹顶中央描绘了米兰城守护圣人圣安布罗乔最著名的故事：狄奥多西大帝被指控犯有可怕罪行，被赶出教会。

马尔凯位于洛雷托圣母符号之下，对应穹顶中描述了圣家族的转变，呈现了安科纳大主教圣马尔切力诺的一则奇迹，即拯救城市免于火灾。

卡拉布里亚北部最知名的圣人为弗朗切斯科·迪·宝拉，他曾毫发无损地从炽热火焰中走出。《恩里克二世大帝与士兵在战前领受圣餐》画作的宗教故事同样意义深远。

普利亚地图上方面向梵蒂冈花园墙壁中描绘大天使米凯莱的胜利，描绘了他那位于加尔加诺中的古老圣体龛。西西里地图正好位于贝尔维德雷庭院正前方的墙壁上，画面讲述两则奇迹，分别为《圣阿加塔以圣幕制止埃特纳火山熔岩》和《邪恶的狄奥多西大帝跌入地狱前被掷入火山中》。

穹顶场景不仅展示上帝在意大利大区和市镇中的神意干预，也表达了圣人对意大利人民的持续保护，而“圣人为人民对上帝请愿”正是新教反对的教义。此外，穹顶场景具有极强的政治蕴含，旨在阐释意大利历史与教会历史相吻合，罗马教皇具有神圣职责和独特的精神及世俗权力。

在新旧意大利这两幅对称画作上方的重要穹顶则用来讲述皇帝君士坦丁的历史（显然为从宗教角度阐释的历史）。君士坦丁为马森茨奥的胜利者，由圣西尔维斯特施洗，是圣彼得与圣保罗大教堂的缔造者，他虔诚笃信，忠于教皇，有能力为教会控制世俗世界。地图画作《圣彼得遗产》也具有同样含义，画面中绘有直接由教皇管辖的土地及城市。穹顶中央为《公爵夫人马蒂尔德的捐赠》，讲述教会将所属土地让渡给那些强大且信奉基督教的国王们。

地图画廊的穹顶中充满了装饰图案与人物形象。即便对精通形象学、符号学、宗教历史或宗教阐释的专业参观者来说，想要识别出所有画像并解读其意义，都是极其困难的。单论那 128 个方形与矩形的画作空间中出现的众多圣经故事人物与基督教美德隐喻形象便是一件苦差事。24 幅黄褐色的单色画作打造出浮雕青铜的效果，讲述了无可尽数的圣经献祭故事：亚伯燔祭、挪亚方舟、亚伯拉罕燔祭、雅各燔祭、摩西法典中的不同献祭仪式等。所有这些都影射同一个并未在上述画作中具体呈现的信息：宗教圣餐仪式，而新教反对其形式与含义。

宗教故事、奇迹、请愿、圣人意大利均为罗马教会的重点，旧约与新约的阐释，辩护学，或是反新教改革的争议等，都是这长达 120 米的延绵长廊所要传递的信息。

这是概念主义、隐喻、暗示与夸张的颂歌。形象学家与艺术家以惊人的优雅美感，极致的创新精神和最夸张的怪诞图示进行创作，只有最博学的精英知识分子才能够理解这些被编码的隐晦信息。所有这一切都是观念和揭示，也是教义教旨最强力有效的阐释。地图画廊是历史事件、奇迹、符号、象征的浩瀚海洋，令人头晕目眩。这是一种高度象征含义、典型化且具有阐释意义的绘画文明，风靡罗马、巴黎、佛罗伦萨和布拉格，也是艺术史通称为“最后的矫饰主义”的时代。

观者被穹顶中那几乎无法被捕捉和理解的历史——神学的复杂概念所震慑，将目光收回到地图画时，会感到如释重负。观者会转而欣赏那格里高利十三世最喜爱的意大利，沉浸在天蓝色与绿色的奇迹中。但他需要知道，这种热爱曾感动一位教皇，进而缔造了这基于理念、教义与文化（穹顶阐释）的地图画和这堪称世界上最为精美的地图画廊。

游览地图画廊需慢慢观赏，把握整体概念，专注于细节。在不到 400 年的历史中，画廊曾历经数次修复、修正、增加及调整，目前保存情况极佳。

16 世纪，乌尔班八世于在位期间曾彻底改变画廊面貌，巴尔贝里尼家族徽章中的蜜蜂几乎与格里高利的飞龙一样，俯拾皆是。但幸运的是，这并未改变伊那茨奥·丹迪为地图画构思的整体效果，也并未削弱单个地图画作的可观赏性。

地图画廊发人深思，意大利现代观念从中可初见雏形：这不是一个由政治，而是由历史、文化及宗教统一的国度，也是绘画艺术史上首次以如此清晰的方式呈现整体理念的杰作。

此外，漫步于地图画廊中的睿智的观者还应同时保持好奇与惊讶。既对壁画中那无限的“事物”感到好奇，也为这国家每个角落氤氲的美丽而感到惊诧。山川丛林，翠绿平原，时而一望无垠，时而曲折交错，城市的伟大历史与光荣岁月凝结于广场、主教堂、城墙中。这是意大利之美，是一位坚毅博学的反宗教改革教皇出于骄傲想要传递给后人的精神，也是一位伟大的地理学家结合严密的科学和盎然的诗意想要呈现给观者的理念。

DOMINE QVO VADIS

第332页
耶稣在罗马门显现于圣彼得面前（“主啊，汝将何往？”）（局部）
壁画
穹顶
拉齐奥南部

罗马城（局部）
壁画
穹顶
拉齐奥南部

西西里
壁画

第335页
圣阿加塔以圣幕制止埃特纳火山熔岩（穹顶局部）
壁画

第336页
邪恶的狄奥多西大帝跌入地狱前被掷入火山中（穹顶局部）
壁画

邪恶的狄奥多西大帝跌入地狱前被掷入火山中（穹顶局部）
壁画

TYRRHENVM MARE
SARDINIA
A SARDO·VNDE NOMEN·ACCEPIT
LIBYCOR·COLONOR·DVCE·FVIT·OCCVPATA
QVORVM·HVCVSQ·LINGVA·CVM·ITALICA
ET·HISPANA·COMMIXTA·INCOLAE·VTVNT
EA·NEC·LVPOS·NEC·VENENATA·FERT·ANIMALIA
FRVMENTO·PECORE·VENATIONE·ABVNDAT
BELLO·DEDITOS·HOMINES·GENERAT
ET·LABORIOSOS
APOST·SEDIS·EST
SARDOVVM MA
PASSVS GEOMETRICI COMMVNES

撒丁岛

壁画

CORSICA·MEDITERRANEI·MARIS·INSVLA·ITALIAE
LITORIB·ET·SARDINEAE·INTERIECTA·QVINGENTA
CIRCITER·PASSVVM·MILLIA·IN·AMBITV·PATET·MONTVOSA
MAXIMA·EX·PARTE·NEQ·ADMODVM·FERAX·ET·IDEO
INCOLIS·HAVD·SATIS·FREQVENS·QVATTVOR·TAMEN
NATVRAE·DONIS·COMMENDATVR·NAM·ET·EQVOS
FERT·EXILES·QVIDEM·ET·GRACILES·CAETERVM·AD
LABOREM·INDEFESSOS·AC·PROPE·FERREOS·GENEROSISS
QVOQ·VINA·QVAE·IN·MENSIS·PRINCIPVM·HAVD·IN
POSTREMIS·DELITIIS·HABENTVR·AD·HOC·VILLATICOS
ET·PASTORALES·CANES·CELEBRIS·LATE·NOMINIS
IN·PRIMIS·STRENVOS·ET·ACRES·VIROS·AC·BELLO
MAGIS·QVAM·PACE·BONOS·VT·PEDESTRIS·CORSOR
MILITIA·MAGNO·SEMPER·APVD·ITALOS·ET·APVD·CAETER
NATIONES·IN·PRETIO·FVERIT
APOST·SEDIS·EST

科西嘉岛
壁画

特雷米迪岛
壁画

艾尔巴岛
壁画

第341页
特雷米迪岛（局部）

S. Nicola
La Schiau
il Credazzo
a Croce
La uecchia
TICVM MARE

Chiarenza
Stagno
Squad. di Barbarigo
LIX
Squadrone reale
LIX
XXX
LIX
Squadrone di Gio. Andrea d'Oria

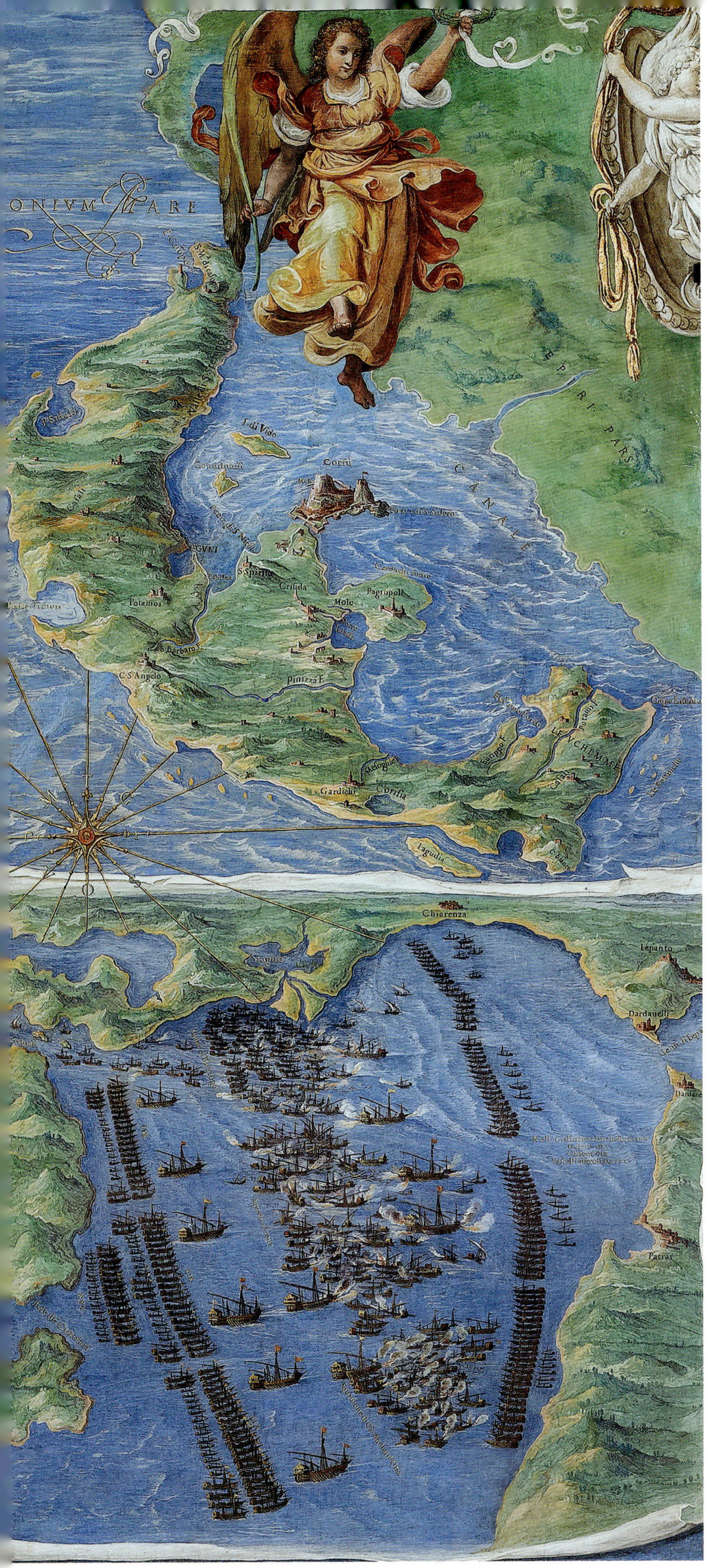

第342页
格尔富岛（雷潘托战役局部）

格尔富岛
壁画

马耳他岛
壁画

热内亚
壁画

威尼斯
壁画

第345页
威尼斯（局部）

Murano
S. Iacomo
S. Nicolo
S. Angelo
S. Michele
S. Christofano
Arsenale
S. Marco
S. Giorgio maggiore
S. Lazaro
Lazaretto
S. Clemente
S. Spirito
Pouegia

PORTVS TRAIANVS AD CENTVM CELLAS
VRBANVS VIII PONT MAX.
MDCXXXIV

第346页

奇维塔韦基亚

壁画

安科纳

壁画

马尔凯大区
壁画

第349页
洛雷托圣家族的迁移(局部)
壁画
穹顶

第350页
狄奥多西大帝被逐出教堂（局部）
壁画
穹顶

米兰公国
壁画

第353页
弗朗切斯科·迪·宝拉在烈焰中毫发无损（局部）
壁画
穹顶

卡拉布里亚北部
壁画

CALABRIA
VLTERIOR·AEQVE·AC
CITERIOR·FRVCTVOSA
NVLLIVS·REI·PROVENTVM
CVIQVAM·ITALIAE·REGIONI
INVIDET
OMNIB·AVTEM·LONGE·ANTECED
QVOD·SACCARVM·FERT·ET
MANNA · FOSSILI · SALE
ABVNDAT
SERICI·COPIA·ALIAR·FERE
ITALIAE·PARTIVM
LANAS·AEQVAT
ASPRO MONTE
VAL LVNGA
Palizzi
Gallico
Peripoliti
S. Lorenzo
Bencoperto
Condiano
Bova
Calanna
Sinopoli
S. Ardore
Portigliola
Siderno
Grotteria
Gioiosa
Roccella
Seminara
Stilo
Badolato
S. Andrea
Certosa
Catanzaro
Crotone
S. SEVERINA
Strongili

SICILIAE PARS
MESSANA
Carona
Scala
Sciglo
Nicotera
Geopoli
S. Nicolò
Britario
Chessano
Dominica
Caria
TROPEA
Batticane prom.
C. Vaticano
Cadamo
Port Hercole
Le Formiche
PASSVS GEOMETRICI COMMV.

卡拉布里亚南部
壁画

恩里克二世大帝与士兵在战前领受圣餐
壁画
穹顶

普利亚北部
壁画

第359页
大天使米凯莱显现于加尔加诺（局部）
壁画
穹顶

S·MICHAEL·IN·MONTE·GARGANO·APPARET

COMMENDATVR ITALIA LOCORVM SALVBRITATE CAELI TEMPERIE SOLI VBERTATE
NORICVM
MARE LIGVSTICVM
MARE HADRIATICVM SIVE SVPERVM
MARE TYRRHENVM SIVE INFERVM
MEDITERRANEI
AEOLIAE INSVLAE
MARE IONIVM
ITALIA REGIONVM ORBIS PRINCEPS
MILLIARIA ROMANA ANTIQVA

旧意大利
壁画

ITALIA
ARTIVM
STVDIORVMQVE
PLENA SEMPER
EST HABITA
MARE
ADRIATICO
OVERO
GOLFO DI
VENETIA
MARE
LIGVSTICO
SPIAGGIA ROMANA
ITALIA
GEOMETRICI COMMVNES

新意大利
壁画

米尔维安桥战役之前，君
士坦丁大帝看见十字架
壁画
穹顶

IN HOC VINCE

教皇圣西尔维斯特为君士坦丁大帝施洗
壁画
穹顶

第365页
公爵夫人马蒂尔德的捐赠（局部）
壁画
穹顶

教皇圣庇护五世府邸、索宾斯基展厅、圣母纯洁受胎厅

在拉斐尔和米开朗琪罗之后

16 世纪下半叶，拉斐尔和米开朗琪罗“伟大而美丽的现代方式”（瓦萨里之语）日渐式微，走向了时而颂扬形式主义或知识主义，时而倡导反宗教改革严格主义精神的画派。

庇护·美第奇五世可被视为最后一位对文艺复兴文化致敬的教皇，他曾委托完成以其命名的梵蒂冈花园中的“小屋子”和松果庭院中皮罗·利戈里奥的“小壁龛”。1565 年（米开朗琪罗过世一年后），教皇逝世。安东尼·吉斯里艾力以圣庇护五世的名号登上教皇之位，他性格残酷严苛，信奉禁欲主义，是教会精神改革的坚决鼓吹者，这从他晋升为教皇的宗教事业之路中便可见一斑。

圣庇护五世不是一位热衷于艺术的教皇，他仅完成了前任留下的艺术工程。他重新开始修筑贝尔维德雷庭院西侧，建筑了以他命名的圣塔。教皇私人府邸位于使徒宫上方的画廊中，正是地图画廊的终点。

圣庇护五世府邸经过多次彻底翻新，其原貌所剩无多。其中最为可贵的遗址是私人的圣大天使米凯莱礼拜堂，由乔尔乔·瓦萨里在雅各布·祖齐协助下于 1570—1571 年绘制壁画。府邸其他两个大厅同样历经数次彻底革新，仅保留最初的花格平顶式天花板。此外还有两幅分别由菲拉鲁·冯佐尼和文图拉·萨林贝尼绘制的《福音使者与教会智者》的壁画残迹，以及几幅 16 世纪晚期弗兰芒风格的风景画。

走进圣庇护五世府邸，那巨大的长方形画作（4.5 米高，9 米长）令人印象深刻。画作讲述 1683 年 9 月 12 日，维也纳摆脱土耳其围攻，重夺自由的历史事件。此次战役由波兰国王扬·索宾斯基三世引领获胜，对整个欧洲具有决定性意义。伟大的土耳其王卡拉·穆斯塔法（可怖的“黑人穆斯塔法”，是其时基督教最可怕的对手）被迫中止进攻，退兵至多瑙河岸。数日后，他在贝尔格拉多营房中被苏丹使者勒死。

巨幅画作出自波兰人扬·马特伊科（克拉科夫，1838—1893 年）之手，他是欧洲历史画最后的代表画家之一。画作具有自然主义与幻觉主义的风格，戏剧张力强烈。画家完全继承了提香、鲁本斯、凡·戴克、德拉克罗瓦的艺术传统。马特伊科聚焦扬·索宾斯基三世在将军陪同下，在光荣中进发，走进胜利场的激动时刻。大型金色边框下方小木板上展现出基督教军队的胜利和上帝神意干涉，拉丁铭文所述如下：“主啊，我们将荣耀献给您的名字；我们已见证，他已获胜。”

1883 年 9 月 12 日，在维也纳重夺自由的 200 周年纪念日时，画作作为波兰政府赠予教皇莱昂十三世的礼物进入梵蒂冈。教皇应十分喜爱这幅具有强烈政治宗教含义的画作，曾委托多米尼克·托尔迪在烛台画廊天花板壁画中对其临摹复制，讲述波兰代表将作品呈交教皇的过程。

巴洛克时期壁画对整个梵蒂冈博物馆具有重大意义（由彼得·达·科尔托纳绘制的乌尔班八世小礼拜堂除外）。美术馆中体现了伟大的17世纪罗马画派，展现了自然主义、古典主义和巴洛克风格画作。而19世纪纯粹主义画派重新定义了新文艺复兴与新拉斐尔风格，我指的是弗朗西斯科·波德斯蒂的《圣母纯洁受胎》。它通向西斯廷房间，是每位观者的必经之路。

1854年12月8日，教皇在圣彼得教堂宣布“纯洁受胎”教义。在罗马艺术圈中久负盛名的弗朗西斯科·波德斯蒂被委派为此纪念事件绘制一系列壁画：《庇护九世颁布圣母纯洁受胎教义》（绘制于主墙，为整个绘画系统的核心）、《圣母纯洁受胎教义讨论》、《圣母加冕》、《教会于宝座上接见世界》、《罗马与神学美德隐喻》。

壁画大约于1864年完成。多年后，大厅中央将摆放由法国公司克里斯托弗雷制造的图书馆设备，保存着众多教皇法令教义的翻译版本。

弗朗西斯科·波德斯蒂是伟大的匠人，他的壁画荟萃了15世纪艺术大师的精华，承袭了从佩鲁吉诺至拉斐尔的历史主义传统，同时具有某种学术自觉性，让拿撒勒的“复活”迈向19世纪安格尔的新古典主义。

第370—371页
乔尔乔·瓦萨里、雅各布·祖齐
叛乱天使的坠落
1571年
壁画
圣庇护五世府邸，圣米凯莱礼拜堂穹顶

乔尔乔·瓦萨里、雅各布·祖齐
叛乱天使的坠落（局部）

扬·马特伊科
波兰国王扬·索宾斯基三世于1683年解放维也纳
1833年
布面油画
458cm × 894cm

弗朗西斯科·波德斯蒂
圣经故事与隐喻形象
约1858—1864年
壁画
圣母纯洁受胎厅穹顶

VIRGO·POTENS
MDCCCLVIII ✠ PIVS NONVS PONT MAX ANNO DOM
FIDES
MATER·PVRISS

Paraclito Spiritu
TRINITATIS
MARIAE
credendam
Pius PP IX

第366—367页
弗朗西斯科·波德斯蒂
庇护九世颁布圣母纯洁受胎教义（局部）

弗朗西斯科·波德斯蒂
庇护九世颁布圣母纯洁受胎教义
约1858—1864年
壁画